物业管理条例注解与配套

第六版

中国法制出版社
CHINA LEGAL PUBLISHING HOUSE

图书在版编目（CIP）数据

物业管理条例注解与配套／中国法制出版社编．—北京：中国法制出版社，2023.8
（法律注解与配套丛书）
ISBN 978-7-5216-3794-6

Ⅰ．①物…　Ⅱ．①中…　Ⅲ．①物业管理-条例-法律解释-中国　Ⅳ．①D922.181.5

中国国家版本馆 CIP 数据核字（2023）第 137030 号

策划编辑：袁笋冰　　责任编辑：欧　丹　　封面设计：杨泽江

物业管理条例注解与配套

WUYE GUANLI TIAOLI ZHUJIE YU PEITAO

经销/新华书店
印刷/三河市国英印务有限公司
开本/850 毫米×1168 毫米　32 开　　印张/ 7.5　字数/ 180 千
版次/2023 年 8 月第 1 版　　2023 年 8 月第 1 次印刷

中国法制出版社出版
书号 ISBN 978-7-5216-3794-6　　定价：22.00 元

北京市西城区西便门西里甲 16 号西便门办公区
邮政编码：100053　　传真：010-63141600
网址：http：//www. zgfzs. com　　**编辑部电话：010-63141675**
市场营销部电话：010-63141612　　**印务部电话：010-63141606**

（如有印装质量问题，请与本社印务部联系。）

出版说明

中国法制出版社一直致力于出版适合大众需求的法律图书。为了帮助读者准确理解与适用法律，我社于2008年9月推出“法律注解与配套丛书”，深受广大读者的认同与喜爱，此后推出的第二、三、四、五版也持续热销。为了更好地服务读者，及时反映国家最新立法动态及法律文件的多次清理结果，我社决定推出“法律注解与配套丛书”（第六版）。

本丛书具有以下特点：

1. 由相关领域的具有丰富实践经验和学术素养的法律专业人士撰写适用导引，对相关法律领域作提纲挈领的说明，重点提示立法动态及适用重点、难点。

2. 对主体法中的重点法条及专业术语进行注解，帮助读者把握立法精神，理解条文含义。

3. 根据司法实践提炼疑难问题，由相关专家运用法律规定及原理进行权威解答。

4. 在主体法律文件之后择要收录与其实施相关的配套规定，便于读者查找、应用。

此外，为了凸显丛书简约、实用的特色，分册根据需要附上实用图表、办事流程等，方便读者查阅使用。

真诚希望本丛书的出版能给您在法律的应用上带来帮助和便利，同时也恳请广大读者对书中存在的不足之处提出批评和建议。

中国法制出版社

2023年8月

适用导引

《物业管理条例》于2003年9月1日开始施行。2007年8月26日、2016年2月6日、2018年3月19日，国务院对《物业管理条例》进行了三次修订。

2018年修订后的《物业管理条例》共7章67条。主要规定了业主的权利义务、业主大会的组成及职责、业主委员会的组成及职责、业主管理规约、前期物业管理、物业管理服务、物业服务企业、物业服务合同、物业管理服务收费、专项维修资金、物业的使用与维护、物业管理中的法律责任等内容。

一、物业管理

本条例明确了物业管理的含义。物业管理是指业主通过选聘物业服务企业，由业主和物业服务企业按照物业服务合同约定，对房屋及配套的设施设备和相关场地进行维修、养护、管理，维护物业管理区域内的环境卫生和相关秩序的活动。国务院建设行政主管部门以及各地方县级以上政府房地产行政主管部门负责物业管理活动的监督管理工作。

二、业主及业主大会

《物业管理条例》规定，业主是指房屋的所有权人，其中也包括与房屋相配套的设备、设施和相关场地的所有权人。业主大会由物业管理区域内全体业主组成，它是业主的自治组织，是基于业主的建筑物区分所有权的形式产生的。业主大会应当在物业所在地的区、县人民政府房地产行政主管部门或者街道办事处、乡镇人民政府的指导下成立，并选举产生业主委员会。但也存在例外情况，在只有一个业主或者业主人数较少且经全体业主一致同意的情况下，可以不成立业主大会。

三、前期物业管理

前期物业管理，是指业主、业主大会选聘物业服务企业之前所实施的物业管理。前期物业管理合同，是指房地产开发企业或者商品房出售单位在销售物业之前，与物业服务企业签订的物业服务合同，它具有过渡性质。建设单位在销售物业之前应当制定临时管理规约，对有关物业的使用、维护、管理，业主的共同利益，业主应履行的义务，违反临时管理规约应当承担的责任等事项依法作出约定。物业买受人应当对遵守临时管理规约予以书面承诺。

四、物业管理服务

从事物业管理活动的企业应当具有独立的法人资格，一个物业管理区域由一个物业服务企业实施物业管理。业主委员会应当与业主大会选聘的物业服务企业订立书面的物业服务合同。物业服务合同应当对物业管理事项、服务质量、服务费用、双方的权利义务、专项维修资金的管理与使用、物业管理用房、合同期限、违约责任等内容进行约定。物业服务企业应当按照物业服务合同的约定，提供相应的服务。物业服务企业未能履行物业服务合同的约定，导致业主人身、财产安全受到损害的，应当依法承担相应的法律责任。

五、物业的使用与维护

业主以及物业服务企业不得随意改变公共建筑和共用设施的用途。专项维修资金是指专项用于住宅共用部位、共用设施设备保修期满后的维修和更新、改造的资金。专项维修资金属于业主所有，它的收取、使用、管理的办法由国务院建设行政主管部门会同国务院财政部门制定。利用物业共用部位、共用设施设备进行经营的，应当在征得相关业主、业主大会、物业服务企业的同意后，按照规定办理有关手续。业主所得收益应当主要用于补充专项维修资金，也可以按照业主大会的决定使用。

六、相关法律责任

本条例第六章规定了物业行政主管部门、建设单位、物业服务企业、业主、业主大会在物业管理活动中存在违法违规行为时应当承担的法律责任。

民法典通过以前，关于物业服务（物业管理）领域的规定，主要集中于行政法规、部门规章及司法解释中，物权法中也有所涉及。为了规范物业管理活动，维护业主和物业服务企业的合法权益，改善人民群众的生活和工作环境，国务院于2003年制定了《物业管理条例》，该条例于2007年物权法通过后作出第一次修改，并于2016年和2018年分别进行再次修改。2004年，建设部发布了《物业管理企业资质管理办法》，目的是“加强对物业管理活动的监督管理，规范物业管理市场秩序，提高物业管理服务水平”，该办法于2007年更名为《物业服务企业资质管理办法》并作修改，此后进行多次修改，并最终于2018年被住房和城乡建设部废止。2007年，第十届全国人民代表大会第五次会议通过了《中华人民共和国物权法》，但并没有专门规定物业服务（合同），只是在其第6章“业主的建筑物区分所有权”对物业服务（合同）有所涉及。2009年，最高人民法院通过了《最高人民法院关于审理物业服务纠纷案件具体应用法律若干问题的解释》，以指导司法实践中出现的物业服务纠纷案件的处理，维护当事人的合法权益。2020年5月28日通过的《民法典》[①] 在物权编中专设一章“业主的建筑物区分所有权”，在合同编中新增有名合同“物业服务合同”，同时在侵权责任编新增在高空抛物责任中物业服务企业等建筑物管理人的义务，对物业管理服务过程作出全面规定。2020年12月29日，最高人民法院将《最高人民法院关于审理物业服务纠纷案件具体应用法律若干问题的解释》修改为《最高人民法院关于审理物业服务纠纷案件适用法律若干问题的解释》，并对内容进行了修订。

---

① 为便于阅读，本书中相关法律文件标题中的“中华人民共和国”字样都予以省略。

目　录

物业管理条例

第一章　总　　则

第二章　业主及业主大会

第三章　前期物业管理

第四章　物业管理服务

第五章 物业的使用与维护

第六章 法律责任

第七章　附　　则

配 套 法 规

实用附录

物业管理条例

（2003年6月8日中华人民共和国国务院令第379号公布　根据2007年8月26日《国务院关于修改〈物业管理条例〉的决定》第一次修订　根据2016年2月6日《国务院关于修改部分行政法规的决定》第二次修订　根据2018年3月19日《国务院关于修改和废止部分行政法规的决定》第三次修订）

第一章　总　　则

第一条　【立法宗旨】* 为了规范物业管理活动，维护业主和物业服务企业的合法权益，改善人民群众的生活和工作环境，制定本条例。

注解

物业管理的主体是业主，本条例第6条规定，房屋的所有权人是业主。业主不仅仅是房屋所有权人，也是该房屋所处的建筑区划内的建筑物区分所有权人。在物业管理活动中，业主有时是指所有权人个体，有时是一个集合的概念。

物业服务企业，是指依法设立、具有独立法人资格，从事物业管理服务活动的企业。根据之前《物权法》① 的有关规定，2007年《物业管理条例》修订时，将"物业管理企业"修改为"物业服务企业"，将"业主公约"修改为"管理规约"，将"业主临时公约"修改为"临时管理规约"。虽然只是变动了几个字，但意义却全然不同，明确了物业公司的定位——为业主服

* 条文主旨为编者所加，下同。

① 《物权法》的相关规定已以合适方式转移至《民法典》。

务，摆正了物业公司与业主之间的关系。但这也不意味着物业公司就完全丧失了“管理”的权力。比如，有的业主为了自己方便私搭乱建一些设施，这样做可能给整个小区带来安全隐患，这时物业公司可以代表业主制止其行为。物业公司的这个举动，对大部分业主来说是服务，但对私搭乱建的业主来说就是管理。

配套

《民法典》第271-287条

第二条　【物业管理定义】 本条例所称物业管理，是指业主通过选聘物业服务企业，由业主和物业服务企业按照物业服务合同约定，对房屋及配套的设施设备和相关场地进行维修、养护、管理，维护物业管理区域内的环境卫生和相关秩序的活动。

注解

该条界定的物业管理是从狭义上理解的，具体而言，就是物业服务企业接受业主或者业主大会的委托，并与之签订物业服务合同，按照物业服务合同的约定，对房屋及配套的设施设备和相关场地进行维修、养护、管理，以及维护相关区域内的道路交通、消防安全、环境卫生和秩序的活动。物业管理的内涵包括：（1）物业管理的管理对象是物业；（2）物业管理的服务对象是人，即物业所有人（业主）和使用人；（3）物业管理的属性是经营。物业管理被视为一种特殊的商品，物业管理所提供的是有偿的无形的商品——劳务与服务。

需要提醒读者注意的是，民法典对物业管理的规定是从广义角度进行定义的，还包括了前期物业服务合同。

应用

1. 物业管理基本内容包括哪些方面？

物业管理基本内容按服务的性质和提供的方式可分为：常规性的公共服务、针对性的专项服务和委托性的特约服务三大类。

一是常规性的公共服务，主要有以下几项：（1）房屋建筑主体的管理及住宅装修的日常监督；（2）房屋设备、设施的管理；（3）环境卫生的管理；（4）绿化管理；（5）配合公安和消防部门做好住宅区内公共秩序维护和安全防范工作；(6) 车辆道路管理；(7) 公众代办性质的服务。

二是针对性的专项服务：(1) 日常生活类；(2) 商业服务类；(3) 文化、教育、卫生、体育类；(4) 金融服务类；(5) 经纪代理中介服务；(6) 社会福利类。

三是委托性的特约服务。物业服务企业在实施物业管理时，第一大类是最基本的工作，是必须做好的。同时，根据自身的能力和业主的要求，确定第二、第三大类中的具体服务项目与内容，采取灵活多样的经营机制和服务方式，以人为核心做好物业管理的各项管理与服务工作，并不断拓展其广度和深度。

配 套

《物业服务收费管理办法》第 17-20 条；《物业服务收费明码标价规定》第 2 条；《前期物业管理招标投标管理暂行办法》

第三条 【选择物业服务企业的方式】国家提倡业主通过公开、公平、公正的市场竞争机制选择物业服务企业。

注 解

物业管理活动本质上是一项民事法律活动，国家积极促使物业服务企业正视竞争，通过招标投标方式，接受业主委员会的聘请。双方在完全平等的原则下，双向选择签订合同，明确各自的权利义务。同时国家也高度重视确立价格机制的权威，规范物业管理行为。

依据委托物业服务企业的时间，可以将物业管理分为前期管理和后期管理。(1) 前期管理，主要是指在业主、业主大会选聘物业服务企业之前，由建设单位选聘物业服务企业实施的物业管理。本条例第三章对前期物业管理进行了规定。(2) 后期管理发生在业主大会成立之后，即通常意义上的物业管理。前期管理和后期管理的区分改变了我国长期存在的“谁开发，谁管理”的自建自管的状况。

应 用

2. 如何具体理解物业管理活动实行市场竞争机制所应当遵循的公开、公正、公平原则?

(1) 物业管理活动要“公开”。其一，物业管理招标活动的信息应当公开。招标人采用公开招标方式，应当通过公开出版的报刊、信息网络或者其他公众媒介发布；需要进行资格预审的，应当发布相关资格预审公告；采用邀请招标方式的，招标方式应当向3个以上的特定的物业服务企业发出邀请书。其二，开标的程序要公开。开标应当公开进行，所有的潜在投标人均可参加开标。开标的时间、地点应当与事先提供的招标文件上载明的时间、地点一致；开标时，应先由投标人或者其推选的代表检查投标文件的密封情况，经确认无误后，由工作人员当众拆封，宣读投标书主要内容。其三，评标的标准和程序要公开。评标的标准和办法在提供给所有投标人的招标文件中载明，评标应当严格按照招标文件载明的标准和办法进行，招标人不得与投标人就投标价格、招标方案等实质性内容进行谈判。其四，中标的结果要公开。确定中标人后，招标人应当向中标人发出中标通知书，并同时将中标结果通知所有未中标的投标人。未中标的投标人对招标活动和中标结果有异议的，有权向有关行政监督部门投诉。

（2）物业管理活动要“公平”和“公正”。对于物业管理招标方和投标方而言，都要遵循公平和公正的原则。首先，对于招标方来说，就是要严格按照公开的招标条件和程序办事，同等地对待每一个投标者，包括提供相同的招标信息，对招标文件作出相同的解释，对投标方使用相同的标准和程序进行资格审查，对于投标担保的要求应适用所有投标人，对所有在投标截止日期以后送到的投标书一律拒收，与投标人有利害关系的人不得作为评标委员会委员，不得泄露标底，不得区别待遇等。其次，对于投标方来说，应当以正当的手段参加投标竞争，不得串通投标，不得向招标方及其工作人员行贿、提供回扣或者给予其他好处等。

配套

《民法典》第4-8条；《前期物业管理招标投标管理暂行办法》第4条

第四条　【物业管理发展的途径】国家鼓励采用新技术、新方法，依靠科技进步提高物业管理和服务水平。

第五条　【物业管理的监管机关】国务院建设行政主管部门负责全国物业管理活动的监督管理工作。

县级以上地方人民政府房地产行政主管部门负责本行政区域内物业管理活动的监督管理工作。

第二章　业主及业主大会

第六条　【业主定义及权利】房屋的所有权人为业主。

业主在物业管理活动中，享有下列权利：

（一）按照物业服务合同的约定，接受物业服务企业提供的服务；

（二）提议召开业主大会会议，并就物业管理的有关事项提出建议；

（三）提出制定和修改管理规约、业主大会议事规则的建议；

（四）参加业主大会会议，行使投票权；

（五）选举业主委员会成员，并享有被选举权；

（六）监督业主委员会的工作；

（七）监督物业服务企业履行物业服务合同；

（八）对物业共用部位、共用设施设备和相关场地使用情况享有知情权和监督权；

（九）监督物业共用部位、共用设施设备专项维修资金（以下简称专项维修资金）的管理和使用；

（十）法律、法规规定的其他权利。

注解

业主，是指物业的所有权人，通常指房屋的所有权人，也包括与房屋相配套的设备、设施和相关场地的所有权人。物业使用人是与业主相关的一个概念，主要是指物业承租人等物业的实际使用人。一般而言，物业管理只涉及业主与物业服务企业之间的权利义务，而不涉及使用人。但现在也有越来越多的业主购买商品房不是为了自己居住，而是为了投资。这部分业主在购买了房屋之后即将所购房屋出租给他人使用。这样，物业管理关系就不仅仅涉及业主和物业服务企业，还涉及承租人。除此之外，物业的实际使用人还可能是尚未出售的公有住房的使用人。应该分清物业的所有权人与物业的使用人的概念，明确物业的使用人不是业主。物业的使用人，是指物业的承租人和实际使用物业的其他人。业主是物业的所有权人，对物业享有占有、使用、收益和处分的全部权利；而使用人对物业只享有占有、使用或者一定条件的收益权，没有处分的权利。

应用

3. 我国业主的建筑物区分所有权的基本内容是什么？

业主的建筑物区分所有权包括对其专有部分的所有权、对建筑区划内的共有部分享有的共有和共同管理的权利。

一是业主对专有部分的所有权。即业主对建筑物内的住宅、经营性用房等专有部分享有所有权，有权对专有部分占有、使用、收益和处分。

二是业主对建筑区划内的共有部分的共有的权利。本条规定的，业主对专有部分以外的共有部分如电梯、过道、楼梯、水箱、外墙面、水电气的主管线等享有共有的权利。《民法典》第274条规定，建筑区划内的道路，属于业主共有，但属于城镇公共道路的除外。建筑区划内的绿地，属于业主共有，但属于城镇公共绿地或者明示属于个人的除外。建筑区划内的其他公共场所、公用设施和物业服务用房，属于业主共有。第275条第2款规定，占用业主共有的道路或者其他场地用于停放汽车的车位，属于业主共有。

三是业主对建筑区划内的共有部分的共同管理的权利。业主可以自行管理建筑物及其附属设施，也可以委托物业服务企业或者其他管理人管理。业主可以设立业主大会，选举业主委员会，共同决定制定和修改业主大会议事规则，制定和修改管理规约，选举业主委员会或者更换业主委员会成员，选聘和解聘物业服务企业或者其他管理人，使用建筑物及其附属设施的维修资金，筹集建筑物及其附属设施的维修资金，改建、重建建筑物及其附属设施，改变共有部分的用途或者利用共有部分从事经营活动等。业主大会和业主委员会，对任意弃置垃圾、排放大气污染物或者噪声、违反规定饲养动物、违章搭建、侵占通道、拒付物业费等损害他人合法权益的行为，有权依照法律、法规以及管理规约，要求行为人停止侵害、消除危险、排除妨害、赔偿损失。

4. 业主行使知情权是否应当受到法律保护？

业主知情权是指业主了解建筑区划内涉及业主共有权以及共同管理权相关事项的权利。根据《最高人民法院关于审理建筑物区分所有权纠纷案件适用法律若干问题的解释》第13条的规定，业主请求公布、查阅建筑物及其附属设施的维修资金使用、业委会的决定及会议记录、共有部分的收益、物业服务合同等情况和资料的，人民法院应予支持。司法解释对于业主知情权的范围作出了明确的规定，业主以合理的方式行使知情权，应当受到法律保护。

配套

《民法典》第272-277条；《最高人民法院关于审理建筑物区分所有权纠纷案件适用法律若干问题的解释》第1、7、13条

第七条　【业主的义务】业主在物业管理活动中，履行下列义务：

（一）遵守管理规约、业主大会议事规则；

（二）遵守物业管理区域内物业共用部位和共用设施设备的使用、公共秩序和环境卫生的维护等方面的规章制度；

（三）执行业主大会的决定和业主大会授权业主委员会作出的决定；

（四）按照国家有关规定交纳专项维修资金；

（五）按时交纳物业服务费用；

（六）法律、法规规定的其他义务。

注解

业主在物业管理活动中的义务主要体现在以下几个方面：（1）遵守规约、执行决定的义务。主要包括：遵守管理规约、业主大会议事规则；遵守物业管理区域内物业共用部位和共用设施设备的使用、公共秩序和环境卫生的维护等方面的规章制度；执行业主大会的决定和业主大会授权业主委员会作出的决定。（2）交纳资金费用的义务。主要包括：按照国家有关规定交纳专项维修资金；按时交纳物业服务费用。（3）法律、法规规定的其他义务。

应用

5. 业主在物业管理活动中具体应当履行哪些义务?

(1) 在使用、经营其名下物业时，应遵守有关法律、法规和政策规定，转让时要对共有部分享有的共有和共同管理的权利一并转让。尤其在使用住宅区物业时，应当遵守下列规定：①未经市政府有关部门批准，不得改变房屋结构、外貌和用途；②不得对房屋内外承重墙、梁、柱、楼板、阳台、天台、屋面及其通道进行违章凿、拆、搭、占；③不得燃放易燃易爆、剧毒、放射性等物品，但自用生活性燃料除外；④不得利用房屋从事危害公共利益的活动；⑤不得侵害他人的正当利益；⑥不得以放弃权利为由而不履行义务。

(2) 业主如需将其住宅装修，必须遵守相关规定，并填写装修申请表，报物业公司审查批准后方可施工，接受物业公司的管理和监督。

(3) 房屋室内部分以及供电、供水、供气等分户表后部分和表前至第一个阀门部分用户负责维修养护。

(4) 凡房屋及附属设施有影响市容或者可能危害毗连房屋安全及公共安全的，按规定应由业主单独或联合修缮的，业主应及时进行修缮。拒不进行修缮的，由管委会授权物业公司修缮，其费用由业主承担。

(5) 业主应自觉维护公共场所的整洁、美观、畅通及公用设施的完好，不得在任何公共场所违章搭建任何建筑物或堆放、悬挂、弃置物品、垃圾，不得损坏、拆除、改造供电、供水、供气、交通、排水、排污、消防等公用设备；住宅所有人不得擅自侵占住宅的共用部位和共用设施设备，不得擅自增加或者减少对该幢住宅共用设施设备正常运行有影响的自用设备。

(6) 禁止在住宅区内有下列行为：践踏占用绿化地；占用楼梯间、通道、屋面、平台、道路、停车场、自行车棚等公用设施而影响其正常使用功能；乱抛垃圾、杂物；影响市容观瞻的乱搭、乱贴、乱挂等；损坏、涂划园林艺术雕塑；聚众喧闹；随意停放车辆和鸣喇叭；发出超过规定标准的噪音；排放有毒、有害物质；经营锻造、锯木、建筑油漆、危险品、殡仪业以及利用住宅开舞厅、招待所等危害公共利益或影响业主正常生活秩序的行为等。

(7) 对本住宅区物业管理公司人员在出示工作证件或有关证明后，在合理时间内进入本住宅区任何楼宇内部及其公共部位进行检查、维修、养护或检查管理规约的有关条款是否得到遵守和实施巡视行为，业主应提供方便，不得拒绝或阻挠。

(8) 按照国家有关规定交纳专项维修资金，按时交纳物业服务费用。

(9) 业主应同时遵守相关的城市管理法规和规定。

(10) 执行业主大会的决定和业主大会授权业主委员会作出的决定，遵守法律、法规规定的其他义务。

6. 业主对共有部分可否以放弃权利为由不履行义务?

首先，业主对专有部分以外的共有部分享有权利，承担义务。

业主对专有部分以外的共有部分的权利包括两部分内容，即共有和共同管理的权利。一是业主对专有部分以外的共有部分享有共有的权利，即每个业主在法律对所有权未作特殊规定的情形下，对专有部分以外的走廊、楼梯、过道、电梯、外墙面、水箱、水电气管线等共有部分，对物业管理用房、绿地、道路、公用设施以及其他公共场所等共有部分享有占有、使用、收益或者处分的权利。二是业主对专有部分以外的共有部分不仅享有共有的权利，还享有共同管理的权利，有权对共用部位与公用设备设施的使用、收益、维护等事项行使管理的权利，同时对共有部分的管理也负有相应的义务。

《物业管理条例》对业主的权利和义务作了详细规定。本条第 2 款对业主在物业管理活动中享有的权利进行了列举，第 7 条则对业主在物业管理活动中履行的义务进行了列举。

其次，业主不得以放弃权利为由不履行义务。

由于业主对专有部分以外的共有部分既享有权利，又负有义务，有的业主就可能以放弃权利为由，不履行义务。对此，《民法典》第 273 条明确规定，业主不得以放弃权利为由不履行义务。例如，除另有约定的外，业主不得以不使用电梯为由，不交纳电梯维修费用。

7. 如何分配共有部分在物业服务企业进行物业管理期间所产生的收益?

根据《民法典》第 273 条的规定，业主对建筑物专有部分以外的共有部分，享有权利，承担义务。共有部分在物业服务企业进行物业管理（包括前期物业管理）期间所产生的收益，在没有特别约定的情况下，应属全体业主所有，并主要用于补充小区的专项维修资金。物业服务企业对共有部分进行经营管理的，可以享有一定比例的收益。

配套

《民法典》第273、279、286条；《住宅专项维修资金管理办法》；《最高人民法院关于审理建筑物区分所有权纠纷案件适用法律若干问题的解释》第15条

第八条　【业主大会代表业主合法权益】物业管理区域内全体业主组成业主大会。

业主大会应当代表和维护物业管理区域内全体业主在物业管理活动中的合法权益。

注解

业主大会是业主的自治组织，是基于业主的建筑物区分所有权的行使产生的，由全体业主组成，是建筑区划内建筑物及其附属设施的管理机构。因此只要是建筑区划内的业主，就有权参加业主大会，行使专有部分以外共有部分的共有权以及共同管理的权利，并对小区内的业主行使专有部分的所有权作出限制性规定，以维护建筑区划内全体业主的合法权益。本条第2款规定了业主大会的根本宗旨。业主大会是业主为实现自己对物业的自我管理，为对物业管理区域内的共同事项作出决定而组成的。业主大会成立后，业主将主要通过业主大会这一机制实现对全体业主共同利益事项的决定和管理。这种自律组织依据国家法律、法规和政策规定以及管理规约的规定，实施自我管理、自我约束，不得组织与物业管理无关的其他活动。但是业主大会归根到底是公益性的自治组织，其各种决议或者措施都具有公益性质，而不是为了个别人的利益服务的。

配套

《民法典》第277条；《业主大会和业主委员会指导规则》第2条

第九条　【物业管理区域的划分】一个物业管理区域成立一个业主大会。

物业管理区域的划分应当考虑物业的共用设施设备、建筑物规模、社区建设等因素。具体办法由省、自治区、直辖市制定。

注解

本条例并没有统一规定物业管理区域划分的标准，而是交由省、自治区、直辖市制定。物业所在地区、县国土房管局会同街道办事处负责协调物业管理区域划分工作。划分住宅物业管理区域应当考虑建筑规模、自然形成、设施设备共用程度及社区建设等因素；非住宅区域划分主要考虑建设立项、规划等因素；住宅与非住宅结构相连的区域，应本着有利于物业管理的原则划定。

配套

《业主大会和业主委员会指导规则》第 7 条

第十条　【业主大会成立方式】同一个物业管理区域内的业主，应当在物业所在地的区、县人民政府房地产行政主管部门或者街道办事处、乡镇人民政府的指导下成立业主大会，并选举产生业主委员会。但是，只有一个业主的，或者业主人数较少且经全体业主一致同意，决定不成立业主大会的，由业主共同履行业主大会、业主委员会职责。

注解

本条例规定了业主大会应当在物业所在地的区、县人民政府房地产行政主管部门或者街道办事处、乡镇人民政府的指导下成立。业主委员会是业主大会的执行机构，我国业主大会采取二重机构设置的方式，即由全体业主组成业主大会，作为业主自治机构中的权力机构，行使重大事务的决策权；在业主大会下设立由业主民主选举产生的业主委员会，作为业主大会的常设机构和执行机构，成立业主大会的同时应当选举产生业主委员会。

应用

8. 什么情况下可以不成立业主大会?

考虑到城市建设的层次性特点，针对只有一个业主或业主总人数较少的物业管理区域，《物业管理条例》第 10 条作出了例外规定，即在一定条件下可以不必设立业主大会和业主委员会。这主要是因为有些物业管理区域内的业主较少，甚至只有一个业主，此时，如果法律强制设立业主大会并无必要。

9. 首次业主大会应如何召开?

业主大会代表的是全体业主在物业管理中的合法权益，其召开必须按照法定的程序进行，否则便是对业主法定权益的践踏。

首先，《物业管理条例》并没有规定成立业主大会的具体程序，但第10条规定了，应当在物业所在地的区、县人民政府房地产行政主管部门的指导下成立业主大会，并选举产生业主委员会。既然是政府指导，就确定了政府肯定要参加业主大会，否则就无从指导了。

其次，根据《业主大会和业主委员会指导规则》规定，符合成立业主大会条件的，区、县房地产行政主管部门或者街道办事处、乡镇人民政府应当在收到业主提出筹备业主大会书面申请后60日内，负责组织、指导成立首次业主大会会议筹备组。筹备组应当在组成之日起90日内完成筹备工作，组织召开首次业主大会会议。

配 套

《业主大会和业主委员会指导规则》第8-15条

第十一条　【业主共同决定事项】下列事项由业主共同决定：

（一）制定和修改业主大会议事规则；

（二）制定和修改管理规约；

（三）选举业主委员会或者更换业主委员会成员；

（四）选聘和解聘物业服务企业；

（五）筹集和使用专项维修资金；

（六）改建、重建建筑物及其附属设施；

（七）有关共有和共同管理权利的其他重大事项。

注 解

本条将原规定的“由业主大会履行的职责”改为“业主共同决定事项”，这是修改后的《物业管理条例》全面保护业主合法权益的充分体现。另外，《民法典》第278条还增加了一项“改变共有部分的用途或者利用共有部分从事经营活动”也需由业主共同决定，提请读者注意。

配套

《民法典》第278条；《业主大会和业主委员会指导规则》第17条

第十二条　【业主大会会议的召开方式及决定】业主大会会议可以采用集体讨论的形式，也可以采用书面征求意见的形式；但是，应当有物业管理区域内专有部分占建筑物总面积过半数的业主且占总人数过半数的业主参加。

业主可以委托代理人参加业主大会会议。

业主大会决定本条例第十一条第（五）项和第（六）项规定的事项，应当经专有部分占建筑物总面积2/3以上的业主且占总人数2/3以上的业主同意；决定本条例第十一条规定的其他事项，应当经专有部分占建筑物总面积过半数的业主且占总人数过半数的业主同意。

业主大会或者业主委员会的决定，对业主具有约束力。

业主大会或者业主委员会作出的决定侵害业主合法权益的，受侵害的业主可以请求人民法院予以撤销。

注解

业主大会的决定对物业管理区域内的全体业主具有约束力。业主大会的决定虽然并非经过全体业主的一致同意，甚至还会遭到个别业主的反对，但是只要业主大会的决定符合法律法规的规定，并遵循了管理规约的议事规则，这样的决定就对全体业主具有约束力。但是，业主大会或者业主委员会作出的决定侵害业主合法权益的，受侵害的业主可以请求人民法院予以撤销。

《民法典》第278条第2款规定："业主共同决定事项，应当由专有部分面积占比三分之二以上的业主且人数占比三分之二以上的业主参与表决。决定前款第六项至第八项规定的事项，应当经参与表决专有部分面积四分之三以上的业主且参与表决人数四分之三以上的业主同意。决定前款其他事项，应当经参与表决专有部分面积过半数的业主且参与表决人数过半数的业主同意。"也即，和本条规定的"经专有部分占建筑物总面积2/3以上的业主且占人数2/3以上的业主同意”不同，民法典把这一比例变更为了3/4，提请读者注意。

应用

10. 业主参加业主大会有哪些方式?

业主参加业主大会的方式既包括亲自参加的方式，也包括委托代理人参加的方式。召开业主大会时，业主应当亲自出席并参与物业管理有关事项的决议。但是，如果业主无法亲自参与业主团体会议的，也可以委托他人（包括同住人或之外的人）参加，并且还可以将自己的表决权书面委托其行使。《物业管理条例》规定业主可以委托代理人参加业主大会会议。

配套

《民法典》第278、280条；《业主大会和业主委员会指导规则》第22条

第十三条　【业主大会的会议类型及其启动方式】业主大会会议分为定期会议和临时会议。

业主大会定期会议应当按照业主大会议事规则的规定召开。经20%以上的业主提议，业主委员会应当组织召开业主大会临时会议。

注解

定期会议可以称为例会，指应当按照业主大会会议议事规则的规定定期召开。经业主大会选举产生业主委员会后，由业主委员会负责召集业主大会，根据管理规约的规定，每年召开一次或几次。业主可以提议召开临时会议，经20%以上的业主提议，业主委员会应当组织召开业主大会临时会议。业主委员会是业主大会的常设机构，有义务组织召开临时大会。

应用

11. 业主大会临时会议如何召开?

业主大会临时会议的召开，应由业主委员会组织，于会议召开前15日通知全体业主。临时会议的召开还必须符合法定情形。根据《业主大会和业主委员会指导规则》第21条的规定，只有在三类法定情形下，才能召开业主大会临时会议：（1）经专有部分占建筑物总面积20%以上且占总人数

20%以上业主提议的；（2）发生重大事故或者紧急事件需要及时处理的；（3）业主大会议事规则或者管理规约规定的其他情况。

配套

《业主大会和业主委员会指导规则》第21条

第十四条　【业主大会会议的通知及记录】召开业主大会会议，应当于会议召开15日以前通知全体业主。

住宅小区的业主大会会议，应当同时告知相关的居民委员会。

业主委员会应当做好业主大会会议记录。

注解

业主大会会议关系到各业主的切身利益，因此对于会议时间、地点、内容、议决事项等重要事项应当提前15日进行通知，一般在物业管理小区内公告或者将会议通知等材料送达全体业主。另据《城市居民委员会组织法》规定，居委会的职责包含对社区的管理，所以业主大会应及时通知居委会，便于其对业主大会的相关工作进行指导和监督。业主大会会议记录由业主委员会负责，对于大会召开过程和业主发表的意见应当以书面形式作详实的记录，成为业主大会开展工作的重要档案资料，也便于业主对业主大会的监督。

配套

《城市居民委员会组织法》第2-3条；《业主大会和业主委员会指导规则》第30条

第十五条　【业主委员会的性质和职责】业主委员会执行业主大会的决定事项，履行下列职责：

（一）召集业主大会会议，报告物业管理的实施情况；

（二）代表业主与业主大会选聘的物业服务企业签订物业服务合同；

（三）及时了解业主、物业使用人的意见和建议，监督和协助物业服务企业履行物业服务合同；

（四）监督管理规约的实施；

（五）业主大会赋予的其他职责。

注解

业主委员会是业主大会的执行机构。它是经业主大会选举产生并经房地产行政主管部门登记，在物业管理活动中代表和维护全体业主合法权益的组织。业主委员会是一个物业管理区域中长期存在的、代表业主行使业主自治管理权的机构，是业主自我管理、自我教育、自我服务，实行业主集体事务民主制度，办理本辖区涉及物业管理的公共事务和公益事业的社会性自治组织。业主委员会由业主会议选举组成，统一领导自治权限范围的物业管理各项工作，但必须对业主大会会议负责并报告工作，不享有自治管理规范订立权。

应用

12. 业主委员会是否具有民事诉讼主体资格?

根据《最高人民法院关于春雨花园业主委员会是否具有民事诉讼主体资格的复函》（2005 年 8 月 15 日　〔2005〕民立他字第 8 号）的规定，业主委员会是业主大会的执行机构，根据业主大会的授权对外代表业主进行民事活动，所产生的法律后果由全体业主承担。业主委员会与他人发生民事争议的，可以作为被告参加诉讼。

13. 业主委员会的诉讼权利能力范围问题?

业主委员会，是指由物业管理区域内业主代表组成，代表业主的利益，向社会各方反映业主意愿和要求，并监督物业管理公司管理运作的一个民间性组织。根据《民法典》和《物业管理条例》的有关规定，业主委员会的诉讼权利能力只限于业主大会有权决定的事项范围，即有关业主共有和物业共同管理的事项，而业主与开发商之间的合同纠纷并不属于该类事项的范围。另外，根据合同的相对性原则，业主才是商品房销售合同的权利义务主体，才是与案件有直接利害关系的人，业主委员会与该合同并无直接利害关系，因此，业主委员会无权基于业主与开发商之间的商品房销售合同而向法院提起违约之诉。

配套

《业主大会和业主委员会指导规则》第35条

第十六条　【业主委员会的登记备案制度及其成员资格】业主委员会应当自选举产生之日起30日内，向物业所在地的区、县人民政府房地产行政主管部门和街道办事处、乡镇人民政府备案。

业主委员会委员应当由热心公益事业、责任心强、具有一定组织能力的业主担任。

业主委员会主任、副主任在业主委员会成员中推选产生。

注解

业主委员会作为业主团体的组织机构，是基于业主团体的意思自行设立的，则登记不应影响业主委员会的成立。登记仅仅是为了行业管理的需要所履行的备案手续。这里的登记应当与企业法人等一般民事主体的设立登记区别开来。一般民事主体必须经过登记才能成立，是为了保障交易安全的需要。业主委员会仅仅是代表业主团体对外实施与物业管理有关的行为，其最终责任是由业主承担的；如果需要业主承担民事责任，也无须通过登记来保障，因为业主有其不动产物业作为责任财产加以担保。因此，登记不是业主委员会的成立要件。业主委员会进行登记是为了接受房地产行政主管部门的监督、指导和管理。

应用

14. 业主委员会经选举产生但尚未进行登记备案，其与物业公司签订的合同是否有效?

业主委员会自选举产生之日起即告成立，登记备案只是为了行业管理的需要而履行的手续，并非业主委员会履行职责的前提，其与物业服务公司订立的合同有效。在我国，业主委员会应当属于非法人组织，其自选举产生之日起，委员会即告成立，登记备案并不意味着业主委员会主体资格的确立，登记备案只是为了行业管理的需要而履行的手续，其主要目的在于方便房地产行政主管部门对业主委员会的监督、指导和管理，属于行政登记，不是民事登记，不是业主委员会成立的前提。《物业管理条例》第15条第2项规定，业主委员会有权代表业主与业主大会选聘的物业服务企业签订物业服务合同，也就是说，业主委员会与物业服务公司订立的合同有效。

15. 欠费的业主能参选业主委员会委员吗?

业主稍有不满就拖欠物业管理费不应提倡，但主管部门不能以此为由剥夺业主的选举权和被选举权。根据我国《宪法》的规定，凡年满18周岁的公民，都有选举权和被选举权；但是依照法律被剥夺政治权利的除外。业主通过选举成为业主委员会委员，就是宪法赋予公民的基本权利。业委会委员是业主选举产生的，行政部门虽然对于业委会的筹建以及换届等具有指导和监督的权力，但无权否定业主选举的结果。业主拖欠物业服务费，物业公司可以起诉业主，进行另案处理。如果以此为由，剥夺欠费业主的选举权和被选举权，显然是对全体业主意愿的变相否定和减损。即便是业主在某些问题的处理方面存在瑕疵，他的民主权利也不容剥夺，任何行政干预都不能背离法律。

16. 欠费业主适合担任业主委员会委员吗?

欠费业主担任业主委员会委员，不利于业主委员会代表业主与物业公司进行有效沟通，以高效、快捷地解决小区管理中存在的问题。欠费业主即使担任了业主委员会委员，也会因其没有履行交费义务而被业主大会终止其委员资格。业主委员会委员是通过业主大会由小区业主选举产生的。实践中，一些小区的业主盲目地把物业公司作为自己的敌对方，认为不交纳物业服务费的业主是与物业公司进行斗争的先锋，而推选其担任业主委员会委员，但实际上，这种做法损害的不仅是物业公司的利益，最终受损的也是全体业主的权益。物业服务费中，虽有部分是物业公司的收益，但大部分是用于维护小区的安全、环境、设施设备正常运作所需支出的费用。业主拖欠物业服务费，不仅是对物业公司权益的损害，也是对其他正常交费业主权益的损害。由欠费业主担任业主委员会委员，不仅无法维护小区业主的利益，也是与业主委员会的职责相冲突的。而且由欠费业主担任业主委员会委员，因其本身与物业公司之间就存在着冲突、矛盾，将不利于业主委员会代表业主与物业公司进行有效沟通，以高效、快捷地解决小区管理中存在的问题。

配 套

《业主大会和业主委员会指导规则》第 31、44 条

第十七条 【管理规约】 管理规约应当对有关物业的使用、维护、管理，业主的共同利益，业主应当履行的义务，违反管理规约应当承担的责任等事项依法作出约定。

管理规约应当尊重社会公德，不得违反法律、法规或者损害社会公共利益。

管理规约对全体业主具有约束力。

注 解

管理规约是业主自我管理、自我约束、自我规范的规则约定，规定建筑区划内有关建筑物及其附属设施的使用、维护、管理等事项，是业主对建筑物及其附属设施的一些重大事务的共同约定，涉及每个业主的切身利益，对全体业主具有约束力，属于有关共有和共同管理权利的重大事项，应当由业主共同制定和修改。《业主大会和业主委员会指导规则》第 18 条规定，管理规约应当对下列主要事项作出规定：(1) 物业的使用、维护、管理；(2) 专项维修资金的筹集、管理和使用；(3) 物业共用部分的经营与收益分配；(4) 业主共同利益的维护；(5) 业主共同管理权的行使；(6) 业主应尽的义务；(7) 违反管理规约应当承担的责任。

应 用

17. 管理规约如何通过与修改?

管理规约属于业主大会的一般决定，适用“普通多数同意方式”，即经物业管理区域内专有部分占建筑物总面积过半数的业主且占总人数过半的业主同意即可。规约的修改也经物业管理区域内专有部分占建筑物总面积过半数的业主且占总人数过半数的业主同意即可。

18. 业主违反规约需要承担什么责任?

业主违反规约，须承担约定的违约责任。比如，擅自拆改房屋结构、外貌、设计用途、功能和布局，对房屋的内外承重墙、梁、柱、板、阳台进行违章凿、拆、搭，对外墙立面添装防护栏、网和晒衣架，损坏、拆除或者改

造供水、供电、供气、供暖、通讯、排水排污公用设施等。承担违约责任的方式，有停止侵害、排除妨碍、赔偿损失等法定方式；管理规约也可以另行设定承担责任的方式。值得注意的是，我国法律规定，只有法律明确授权的国家机关才享有处罚权，才能对某些违法行为处以罚款。所以，管理规约对业主的违约行为不得设定罚款，但可以通过约定交纳保证金、违约金方式，当业主有违约行为时，从中予以扣除。对业主违反规约的行为，相关业主、使用人、业主委员会或物业服务企业有权加以劝止，必要时可以向人民法院提起民事诉讼。

配套

《民法典》第286条；《业主大会和业主委员会指导规则》第18条

第十八条　【业主大会议事规则】业主大会议事规则应当就业主大会的议事方式、表决程序、业主委员会的组成和成员任期等事项作出约定。

注解

业主大会议事规则是业主大会组织、运作的规程，是对业主大会宗旨、组织体制、活动方式、成员的权利义务等内容进行记载的业主自律性文件。业主大会通过业主大会议事规则建立大会的正常秩序，保证大会内业主集体意志和行为的统一。制定和修改业主大会议事规则属于有关共有和共同管理权利的重大事项，需要由业主共同决定。《业主大会和业主委员会指导规则》第19条规定，业主大会议事规则应当对下列主要事项作出规定：（1）业主大会名称及相应的物业管理区域；（2）业主委员会的职责；（3）业主委员会议事规则；（4）业主大会会议召开的形式、时间和议事方式；（5）业主投票权数的确定方法；（6）业主代表的产生方式；（7）业主大会会议的表决程序；（8）业主委员会委员的资格、人数和任期等；（9）业主委员会换届程序、补选办法等；（10）业主大会、业主委员会工作经费的筹集、使用和管理；（11）业主大会、业主委员会印章的使用和管理。

配套

《业主大会和业主委员会指导规则》第19条

第十九条　【业主大会、业主委员会的职责限制】业主大会、业主委员会应当依法履行职责，不得作出与物业管理无关的决定，不得从事与物业管理无关的活动。

业主大会、业主委员会作出的决定违反法律、法规的，物业所在地的区、县人民政府房地产行政主管部门或者街道办事处、乡镇人民政府，应当责令限期改正或者撤销其决定，并通告全体业主。

注解

业主大会是由全体业主组成的维护物业区域内的全体业主的公共利益、行使业主的资质管理权限的组织。而业主委员会依照《物业管理条例》的规定是业主大会的执行机构，因此二者的职责都是围绕着物业管理展开的。业主大会和业主委员会应依法履行一定的职责，但是其履行职责时必须遵守法律法规的规定，必须在法定的职责内从事活动，不得滥用其权利。业主大会和业主委员会行使权利的范围和对象仅限于物业管理区域并就物业管理有关的事项代表全体业主行使权利。

应用

19. 业主委员会能否从事经营活动?

业主委员会自身的特点及相应制度的设置结构，决定了它不能进行经营行为。首先，业主委员会作为小区业主的自治组织，没有任何营业执照或其他准予营业的证照，只需在成立后向房地产行政主管部门履行备案手续，因此不具备经营资格。其次，业主委员会本身没有可供开展经营活动的足够资金来源和场所，且业主委员会委员本身也并不是专职人员，在社会上往往还承担着其他领域的工作，担负着其他职责，因此不具备经营条件。再次，业主委员会是业主大会的执行机构，其性质是公益组织，业主委员会委员也是由热心公益事业、责任心强、并具有一定组织能力的业主担任的。而一旦发生经营行为，在没有有效监督的情况下，经济的营利性必然与业主委员会的公益性相冲突，从而使业主委员会的性质很难获得保证。因此，由业主委员会对小区的公共区域进行经营，表面上似乎有利于小区业主的利益，但业主委员会自身的特点及相应制度的设置结构，却决定了这种表面上的利益是不可能实现的。而根据《物业管理条例》本条的规定，业主委员会也不得作出与物业管理无关的决定，且不得从事与物业管理无关的活动。

配套

《业主大会和业主委员会指导规则》第59条

第二十条　【业主大会、业主委员会与相关单位的关系】业主大会、业主委员会应当配合公安机关，与居民委员会相互协作，共同做好维护物业管理区域内的社会治安等相关工作。

在物业管理区域内，业主大会、业主委员会应当积极配合相关居民委员会依法履行自治管理职责，支持居民委员会开展工作，并接受其指导和监督。

住宅小区的业主大会、业主委员会作出的决定，应当告知相关的居民委员会，并认真听取居民委员会的建议。

注解

居民委员会的主要职责在于完成相关的政府工作事项。因而居民委员会主要是居民自我组织起来对于公共事务进行管理的组织。居民委员会的合法性来源于作为政治权利拥有者的居民的选举。业主大会与业主委员会事实上是财产权人行使自己财产权的组织。换言之，业主大会与业主委员会所负责的事项在于如何行使业主的财产权，业主大会与业主委员会的合法性来源于作为所有权人的业主。业主大会、业主委员会与居民委员会各自所行使的职责有着本质上的区别，因为其权利来源存在重大差别，前者强调其行使私人财产权的属性，而后者则是实现政治民主权利的结果。所以不可将二者混为一谈。

配套

《城市居民委员会组织法》第3条；《业主大会和业主委员会指导规则》第四章

第三章　前期物业管理

第二十一条　【前期物业服务合同】在业主、业主大会选聘物业服务企业之前，建设单位选聘物业服务企业的，应当签订书面的前期物业服务合同。

注解

前期物业管理，是指业主、业主大会选聘物业服务企业之前所实施的物业管理。前期物业服务合同，是指在物业服务区域内的业主、业主大会选聘物业服务人之前，由房地产建设单位与物业服务人签订的、由物业服务人提供物业服务的合同。前期物业服务合同约定的服务期限届满后，如果双方当事人没有订立新的物业服务合同或者通过约定延长物业服务合同的服务期限，则前期物业服务合同终止，物业服务人应当退出物业服务区域，并和新的物业服务人或者决定自行管理的业主进行交接。

建设单位依法与物业服务企业签订的前期物业服务合同对业主具有约束力。业主以其并非合同当事人为由提出抗辩的，人民法院不予支持。

配套

《前期物业管理招标投标管理暂行办法》第 2 条

第二十二条　【临时管理规约】建设单位应当在销售物业之前，制定临时管理规约，对有关物业的使用、维护、管理，业主的共同利益，业主应当履行的义务，违反临时管理规约应当承担的责任等事项依法作出约定。

建设单位制定的临时管理规约，不得侵害物业买受人的合法权益。

注解

临时管理规约是业主大会制定管理规约前的版本。建设部于2004 年 9 月 6 日颁发了《业主临时公约（示范文本）》，既是帮助开发商也是监督开发商为将来的物业管理活动建立起一个法制体系。其最终目的是维护全体业主生活的安定和财产的价值。临时管理规约也可以在房屋销售并交付使用后，经业主大会决议修改成为管理规约。临时管理规约虽然是临时的，但只是针对它的时间效力而言，事实上就其内容所包含的事项而言，临时管理规约与正式的管理规约并没有本质上的差异。

配套

《业主临时公约（示范文本）》

第二十三条　【关于对临时管理规约的说明义务以及承诺遵守的义务】建设单位应当在物业销售前将临时管理规约向物业买受人明示，并予以说明。

物业买受人在与建设单位签订物业买卖合同时，应当对遵守临时管理规约予以书面承诺。

注解

由于业主没有参与临时管理规约的制定，而又需要其承诺遵守临时管理规约，为了保护物业买受人的利益，避免日后纠纷，也是为了将来临时管理规约能够得到物业买受人的切实遵守，就应由建设单位作出一定的说明。建设单位的义务包括：(1) 建设单位应当将临时管理规约向物业的买受人明示。也就是说建设单位应当让物业的买受人知晓临时管理规约的存在和内容。(2) 建设单位应当向物业的买受人解释临时管理规约的具体内容。

配套

《业主临时公约（示范文本）》

第二十四条　【前期物业管理招投标】国家提倡建设单位按照房地产开发与物业管理相分离的原则，通过招投标的方式选聘物业服务企业。

住宅物业的建设单位，应当通过招投标的方式选聘物业服务企业；投标人少于 3 个或者住宅规模较小的，经物业所在地的区、县人民政府房地产行政主管部门批准，可以采用协议方式选聘物业服务企业。

注解

房地产开发与物业管理相分离，事实上就是要打破谁开发、谁管理的自建自管局面。这一原则的具体贯彻方式就是通过招投标的形式，引入竞争机制来选聘物业服务企业，实现优胜劣汰。具体而言，物业开发建设单位以物业管理权为标的，招请若干个物业公司报价竞争，再由开发建设单位从中选择优胜的物业公司并与之签订物业服务合同。

应用

20. 物业管理招投标应当注意哪些问题?

（1）招标人在招投标前应依法向有关主管机构提交材料，办理相关手续。（2）招标人进行招投标可以公开招标，也可以邀请招标。但是其中采取邀请招标方式的，应保证程序的合法公平。（3）招标前应编制招标文件。招标文件中应包括招标人名称、地址、联系方式、项目基本情况、所要求的物业管理服务标准、物业服务收费标准以及对投标单位、投标书的要求、评标标准等内容。（4）投标人应当按照招标文件的要求编制投标文件，并按照招标文件规定的时间将标书送到指定地点。如果招标文件要求必须交纳保证金的，应当依法交纳保证金。（5）评标委员会的确定及评标的方法和标准。评标委员会的组成以及评标方法、标准应当确保公正，达到优胜劣汰的目的。

21. 前期物业管理招投标有哪些方式?

前期物业管理招投标可以分为公开招标和邀请招标两种方式。招标人采取公开招标方式的，应当在公共媒介上发布招标公告，并同时在中国房地产信息网和中国物业管理协会网上发布免费招标公告。招标公告应当载明招标人的名称和地址，招标项目的基本情况以及获取招标文件的办法等事项。招标人采取邀请招标方式的，应当向3个以上物业服务企业发出投标邀请书，投标邀请书应当包含前述事项。

22. 是否所有的物业服务企业的选聘都须采取招投标的方式?

《物业管理条例》并没有要求所有的房地产的物业服务企业都必须采取招投标的方式选聘，只是对于涉及面大、数量多的住宅物业要求必须采取招投标的方式选聘物业服务企业，而且对于投标人少于3个或者住宅规模较小的，经物业所在地的区、县人民政府房地产行政主管部门批准，还可以采用协议方式选聘物业服务企业。

配套

《招标投标法》第2条；《前期物业管理招标投标管理暂行办法》第25条

第二十五条　【买卖合同内容包含前期物业服务合同内容】 建设单位与物业买受人签订的买卖合同应当包含前期物业服务合同约定的内容。

注解

本条是为了解决前期物业服务合同的权利义务不能约束物业服务企业与业主而带来的困扰，要求建设单位与物业买受人签订的买卖合同应当包含前期物业服务合同约定的内容。这样，物业的买卖合同就包括了前期服务物业合同的内容，避免了物业管理服务的内容成为空缺，同时业主根据物业买卖合同，也可以享有物业服务的权利并应当根据物业服务的有关内容履行相关义务。

应用

23. 前期物业管理有哪些内容?

前期物业管理的主要内容包括：(1) 建立与业主、物业使用人的联络关系。即听取业主、物业使用人对物业管理的要求和希望，了解业主、物业使用人对物业使用的有关安排与打算，参与销售部门同业主、物业使用人签约。(2) 设计管理模式，草拟物业管理制度。包括与房地产开发企业一起草拟物业管理区域的规章制度、业主大会议事规则、临时管理规约等；设置物业管理区域内的组织机构，规定各部门人员岗位责任制度，编制住户手册、物业管理区域的综合管理办法等。制订上岗人员的培训计划并加以实施。(3) 建立服务系统和服务网络。包括保安、清洁、养护、维修、绿化队伍的设立或者选聘、洽谈和订立合同；同街道、公安、交通、环保、卫生、市政、园林、教育、公用事业及商业等部门进行联络、沟通；代办服务项目网络。(4) 办理移交承接事项。即拟定移交物业承接办法、筹备成立业主大会、协助办理移交物业承接事宜。此外，前期物业服务协议的主要内容还包括物业接管前的验收、开发商的保修责任、前期物业服务的费用承担等。

24. 业主能否拒绝前期物业服务合同的内容?

买受人在选聘前期物业服务企业时不享有表达自己意志的权利，但买卖合同的条款包含了前期物业服务合同的内容，买受人可以就合同的条款提出自己的意见。《物业管理条例》第21条规定："在业主、业主大会选聘物业服务企业之前，建设单位选聘物业服务企业的，应当签订书面的前期物业服务合同。”为了防止小区出现无人管理的现象，使住宅小区的居民生活、环境卫生等秩序得到有效维护，法律规定建设单位有选聘前期物业服务企业的权利。建设单位虽然不是最终的业主，但在开始出售房屋时，却是最大的业主。因此法律赋予建设单位选聘物业服务企业的权利是有依据的。前期物业服务合同虽然由建设单位与物业服务企业签订，但其服务的对象包括了入住业主，对业主具有约束力。在房屋买卖时，买卖双方应当就前期物业服务作出约定，商品房买卖合同应当包含前期物业服务合同的内容，或者要求房屋买受人与建设单位选聘的物业服务企业签订协议。买受人虽然在选聘前期物业服务企业时不享有表达自己意志的权利，但买受人可以就合同的条款提出自己的意见，如果协商不成，而且合同条款确有损害业主利益的内容，买受人可以向房地产主管部门和物价主管部门投诉，要求变更合同中的不合法条款。

配套

《前期物业管理招标投标管理暂行办法》第2条

第二十六条　【前期物业服务合同期限】前期物业服务合同可以约定期限；但是，期限未满、业主委员会与物业服务企业签订的物业服务合同生效的，前期物业服务合同终止。

注解

前期物业服务合同可以约定期限，而正式的物业服务合同生效时，前期物业服务合同自然终止，这样就避免了两个物业服务合同发生冲突。

第二十七条　【建设单位不得擅自处分业主共有或者共用的物业】业主依法享有的物业共用部位、共用设施设备的所有权或者使用权，建设单位不得擅自处分。

注解

物业的共用部位、共用设施设备的所有权或者使用权依法归属于业主享有的，只有业主可以决定如何使用和处分这些物业的共用部位和共用设施设备。这里所讲的处分应该作广义的解释，既包括法律上处分，也包括事实上处分。法律上处分如转让所有权、设定用益物权或担保物权等，事实上处分包括拆毁等。建设单位不仅不得擅自处分，而且对于这些物业的共用部位、共用设施设备的使用，也不得擅自做主。

应用

25. 开发商将一层住宅的窗前绿地归属于购买一层住宅的区分所有人使用的做法是否合法?

按照建筑物区分所有权的基本规则，建筑物区分所有权包含三个权利，即对区分所有的建筑物专有部分享有的专有权、对共用部分的互有权，以及对于区分所有建筑物整体享有的成员权。就区分所有的建筑物而言，除了区分所有人依据专有权独占的专有部分之外，建筑物的其他部分以及设施、设备，都属于区分所有人共有（即互有权的标的)。《民法典》第274条明确规定，建筑区划内的绿地，属于业主共有。窗前绿地的土地使用权属于全体业主，是区分所有建筑物的共有部分，全体业主对土地使用权行使共有的权利，将其中的一部分划归于某一个或者某一些业主享有专有使用权，那么对全体业主来说，其权利受到了侵害。

26. 开发商能否公开售卖停车位?

(1) 小区地上停车位。目前小区内的地上停车位主要有两种类型。第一种是在具有独立产权证的经营型停车场内的停车位，此种停车场是经过市政管理部门的批准设立，因而产权明确，其收益应当归产权人和管理人享有。第二种是小区内更为常见的，即由开发商或物业公司在小区的道路两旁自行划线分割出许多停车位，出租给业主使用，并按期收取停车费。这种类型的停车位产权归属取决于停车位所在的道路性质。按照建设用地规划许可证和国有土地使用证，如果位于小区内的该条道路是市政道路，其产权当然属于国家所有，由政府代表国家行使。开发商设立停车位必须取得政府的授权与批准。如果该条道路是小区的公共道路，则根据《民法典》第275条第2款的规定，占有业主共有的道路或者其他场地用于停放汽车的车位，属于业主共有。

(2) 小区地下停车位。小区地下停车位可以划分为两种类型：一种是面积未分摊的车位，可以出售。对于开发商在立项时规划的地下车位，可以单独转让而且建筑面积没有进行分摊的，只有开发商在合同中载明了，才能办理产权销售。如果没有在合同中载明，那么车位的所有权属于全体业主。因此，如果业主与开发商在房屋买卖合同中没有对这类地下车库进行特别约定，车库应当归业主共有。只有在合同载明的情况下，开发商才可以对业主出售产权，而根据《民法典》第275条第1款的规定，建筑区划内，规划用于停放汽车的车位、车库的归属，由当事人通过出售、附赠或者出租等方式约定。另一种是面积已经分摊的车位，只能出租。同样是开发商在立项时规划的地下车位，如果地下车位的面积已作为公摊面积由小区业主分摊，则开发商就无权出售。这类车位属全体小区业主所有，作为小区的配套设施，可以由小区业委会委托物业公司租赁给业主使用，租金收入在扣除必要的管理成本后归入小区的公共维修资金，由全体业主享有。

配套

《民法典》第274-275条；《最高人民法院关于审理建筑物区分所有权纠纷案件适用法律若干问题的解释》第3、14条

第二十八条　【共用物业的承接验收】物业服务企业承接物业时，应当对物业共用部位、共用设施设备进行查验。

注解

物业的承接验收，是物业服务企业承接房地产开发企业、公有房屋出售单位或者业主、业主委员会委托管理的新建房屋或者原有房屋时，以物业主体结构安全和满足使用功能为主要内容的再检验。物业服务企业承接物业时，应当与业主委员会办理物业验收手续，在完成承接验收后，物业就移交物业服务企业管理。从广义上说，物业服务企业的承接验收还包括对原有物业的承接验收。物业承接验收是物业服务企业承接物业时不可或缺的工作程序。

第二十九条　【物业承接验收时应移交的资料】在办理物业承接验收手续时，建设单位应当向物业服务企业移交下列资料：

（一）竣工总平面图，单体建筑、结构、设备竣工图，配套设施、地下管网工程竣工图等竣工验收资料；

（二）设施设备的安装、使用和维护保养等技术资料；

（三）物业质量保修文件和物业使用说明文件；

（四）物业管理所必需的其他资料。

物业服务企业应当在前期物业服务合同终止时将上述资料移交给业主委员会。

注解

物业涉及的文件资料大体包括物业的权属文件和技术资料。前者是反映物业上的法律权利义务关系的资料，而后者则是关于物业建设的相关技术文件。这两类资料都是物业公司开展有效的物业服务所应拥有的，在办理物业承接验收的时候都需要进行移交。

第三十条　【物业管理用房】建设单位应当按照规定在物业管理区域内配置必要的物业管理用房。

注解

物业管理用房，是指房地产开发建设中按照有关规定建设的，由开发建设单位以建造成本价一并转让给购房业主集体，用作物业管理办公、工作人员值班以及存放工具材料的用房。本条明确规定了建设单位具有为物业服务企业配置物业管理用房的法定义务。因此，建设单位在建设项目的立项阶段，就要做到全面规划，统筹安排，以使物业管理用房在建设工程勘察、设计、施工的各个阶段得以顺利实施。

应用

27. 物业管理用房是由开发商配置吗？

房地产开发商应当依法配置物业管理用房。《物业管理条例》第30条规定："建设单位应当按照规定在物业管理区域内配置必要的物业管理用房。"《物业管理条例》第62条规定，建设单位不按照规定配置必要的物业管理用房的，由县级以上地方人民政府房地产行政主管部门责令限期改正，给予警告，没收违法所得，并处10万元以上50万元以下的罚款。

28. 无权处分人转让物业管理用房的，业主委员会是否有资格提起诉讼要求确认转让无效？

根据《民法典》第274条和《物业管理条例》第30条的规定，建设单位应当按照规定在物业管理区域内配置必要的物业管理用房。物业管理用房的所有权依法属于业主。根据规定，业主委员会是业主大会的执行机构，受业主大会委托来管理全体业主的共有财产和共同生活事务。依法成立的业主委员会在其职责范围内，经业主代表大会授权，就物业管理有关的、涉及全体业主公共利益的事宜，有权向人民法院提起民事诉讼。由于无权转让物业管理用房的行为涉及全体业主的利益，因此业主委员会有资格提起诉讼要求确认转让无效。

第三十一条　【建设单位的物业保修责任】建设单位应当按照国家规定的保修期限和保修范围，承担物业的保修责任。

注解

物业在建设中存在的质量问题，在竣工验收时可能未被发现，在使用过程中逐渐暴露出来，如屋面漏水，墙壁裂缝或墙皮脱落，室内地面空鼓、开裂、起砂，上下水管道、暖气管道漏水、堵塞等。根据本条的规定，物业在交付使用后的一定期限内发现有工程质量缺陷，建设单位应当依法承担修复责任。

应用

29. 如何确定建设单位的保修期限?

根据《建设工程质量管理条例》的规定，在正常使用条件下，建设工程的最低保修期限为：(1) 基础设施工程、房屋建筑的地基基础工程和主体结构工程，为设计文件规定的该工程的合理使用年限；(2) 屋面防水工程、有防水要求的卫生间、房间和外墙面的防渗漏，为5年；(3) 供热与供冷系统，为2个采暖期、供冷期；(4) 电气管线、给排水管道、设备安装和装修工程，为2年。

30. 建筑工程的保修范围包括哪些?

建筑工程的保修范围包括地基基础工程、主体结构工程、屋面防水工程和其他土建工程，以及电气管线、上下水管线的安装工程，供热、供冷系统工程等项目。

31. 建筑工程有质量缺陷，建设单位、勘察单位、设计单位、施工单位、工程监理单位之间的责任如何界定?

根据造成质量问题的不同原因由不同单位分别承担责任：(1) 施工单位未按国家有关规范、标准和设计要求施工，造成的质量缺陷，由施工单位负责返修并承担经济责任。质量缺陷，是指工程不符合国家或行业现行的有关技术标准、设计文件以及合同中对质量的要求。(2) 由于设计方面的原因造成的质量缺陷，由设计单位承担经济责任。(3) 因建筑材料、构配件和设备质量不合格引起的质量缺陷，属于施工单位采购的或经其验收同意的，由施工单位承担经济责任；属于建设单位采购的，由建设单位承担经济责任。(4) 因使用单位使用不当造成的质量缺陷，由使用单位自行负责。(5) 因地震、洪水、台风等不可抗力造成的质量问题，施工单位、设计单位不承担经济责任。

配套

《建筑法》第 62 条；《建设工程质量管理条例》第 3、39、40 条；《房屋建筑工程质量保修办法》第 4、6、7 条

第四章　物业管理服务

第三十二条　【物业管理企业的性质】 从事物业管理活动的企业应当具有独立的法人资格。

国务院建设行政主管部门应当会同有关部门建立守信联合激励和失信联合惩戒机制，加强行业诚信管理。

注解

关于物业服务企业的法律性质，本条作了明确的规定，即物业服务企业是独立的法人。也就是说，非法人的企业不能从事物业管理服务。依据这一规定，个人独资企业与合伙企业由于不具备法人资格，依法就不能从事物业管理服务活动。

第三十三条　【物业管理区域统一管理】 一个物业管理区域由一个物业服务企业实施物业管理。

注解

本条例第 9 条规定了物业管理区域的划分，并且规定一个物业管理区域成立一个业主大会。本条进一步明确要求在单个物业管理区域内只允许一家物业服务企业从事物业管理服务。

应用

32. 业主可以拒绝小区的统一物业管理吗?

一个小区由一个物业公司进行管理，业主如果对物业公司有所不满，必须通过业主委员会进行，不得擅自拒绝物业的统一管理。一般情况下，一个住宅小区就是一个物业管理区域，只能由一个物业公司进行管理。当然，业主有权对物业公司的工作进行监督，也可以解聘物业公司，但是这种权利不能任意地、无限制地行使，而必须按照法定的程序通过业主委员会来行使。部分业主不能按照自己的意愿，在没有业主委员会的情况下，擅自拒绝小区物业的统一管理。

第三十四条 【物业服务合同】 业主委员会应当与业主大会选聘的物业服务企业订立书面的物业服务合同。

物业服务合同应当对物业管理事项、服务质量、服务费用、双方的权利义务、专项维修资金的管理与使用、物业管理用房、合同期限、违约责任等内容进行约定。

注解

根据《民法典》第 937 条的规定，物业服务合同是物业服务人在物业服务区域内，为业主提供建筑物及其附属设施的维修养护、环境卫生和相关秩序的管理维护等物业服务，业主支付物业费的合同。

应用

33. 物业服务合同有哪些特征?

物业服务合同的主要特征有：

(1) 是平等主体之间的民事合同

合同是平等主体的自然人、法人和非法人组织之间设立、变更、终止民事法律关系的协议。物业服务合同当事人一方是业主，另一方是物业服务人，双方订立的是以物业服务的权利义务为内容的，由物业服务人依据约定为业主提供专业服务，由业主支付相应报酬的协议。

(2) 合同主体具有特殊性

物业服务合同的当事人为业主和物业服务人。根据《民法典》第 937 条第 2 款的规定，物业服务人又包括物业服务企业和其他物业管理人。

物业服务事关全体业主的人身、财产安全，同时，有的物业服务活动具有较高的专业性、技术性要求，如小区公共设施的检修、保养与维护等，这对物业服务人提出了一定的要求。作为物业服务合同一方当事人的物业服务人一般是专门从事物业服务经营活动的物业服务企业。

(3) 客体是物业服务人提供的物业服务行为

物业服务合同的客体是物业服务人提供的物业服务，物业服务合同与委托合同、行纪合同、中介合同等类似，所给付的内容都不是具体的标的物，而是行为，而且提供服务的行为还具有持续性和重复性的特点，比如检修建筑物内的电梯，做好小区保洁工作维护环境卫生等。物业服务合同注重彼此之间的人身信任关系，一旦此种信任关系不存在，合同的履行将会面临困难，这也可能成为当事人解除合同的法定事由。《民法典》第941条第2款规定，物业服务人不得将其应当提供的全部物业服务转委托给第三人，或者将全部物业服务支解后分别转委托给第三人。此外，物业服务人所提供的物业服务的质量没有法定的统一标准，而需要当事人的特别约定。

(4) 服务内容的综合性和专业性

相比于一般的民事合同，物业服务人提供物业服务的内容较为复杂，物业服务人既要管理物业服务区域内的建筑物及其附属设施等物，也要管理进出小区以及建筑物内的人员。物业服务的内容十分庞杂，既包括物的管理，也包括人的管理。物业服务的具体内容视小区具体情况不同而有所差异，但是都势必包括卫生、环保、安全、消防等方方面面，具有综合性和全面性。根据《民法典》第937条和第942条的规定，物业服务人是业主提供建筑物及其附属设施的维修养护、环境卫生和相关秩序的管理维护等物业服务，具体来说，包括妥善维修、养护、清洁、绿化和经营管理物业服务区域内的业主共有部分，维护物业服务区域内的基本秩序，采取合理措施保护业主的人身、财产安全，等等。

(5) 订立程序的特殊性

如上所述，物业服务合同的一方当事人为全体业主，具有集合性的特点。如果由物业服务人与业主逐一签订合同，不仅效率极低，而且无法实现。为了提高订约效率、避免发生纠纷，在物业服务合同的订立方面，需要设置一定的程序性要求，也就是物业服务合同的订立需要遵循法定的程序，业主们需要通过一定的方式来作出决定。根据《民法典》第278条的规定，选聘和解聘物业服务企业或者其他管理人时，应当由专有部分面积占比三分之二以上的业主且人数占比三分之二以上的业主参与表决，并且经参与表决专有部分面积过半数的业主且参与表决人数过半数的业主同意；同时，经过业主大会的选聘之后，由业主委员会代表全体业主与物业服务人签订物业服务合同。

（6）属于双务、有偿、要式、继续性合同

物业服务人的主要义务是按照物业服务合同之约定向全体业主提供物业服务，而全体业主的主要义务是向物业服务人支付报酬，双方所负义务属于给付与对待给付的关系，因此物业服务合同是一种双务合同。

根据物业服务合同的定义，业主负有向物业服务人支付报酬的义务。物业服务人一般都是专门从事物业服务的物业服务企业，是为了获取报酬才为业主提供专业的服务，因此物业服务合同是有偿合同。

物业服务合同是要式合同。《民法典》第938条第3款规定，物业服务合同应当采用书面形式。之所以规定物业服务合同应当采用书面形式，主要是因为物业服务合同的内容往往十分复杂，为了明确物业服务人与业主之间的具体权利义务关系，同时也有利于避免纠纷的发生，需要以书面的形式来确定当事人的权利义务。

物业服务人应当按照物业服务合同的要求，向全体业主提供物业服务。通常情况下，物业服务并不是一次性完成的，而需要持续一定的时间，物业服务人应当在合同约定的期间内不间断地提供物业服务。因此，物业服务合同是继续性合同。

34. 物业服务合同的另一方当事人是业主大会，还是业主委员会，或者是业主?

就业主大会而言，它不具有民事主体资格，也不具有诉讼主体资格。业主大会不是常设的机构或者组织，亦没有财产，不能对外独立承担责任，不能成为合同当事人而享有权利承担义务。所以，业主大会不是物业服务合同的主体。业主委员会虽然常常直接与物业服务人签订合同，且在实践中具有诉讼主体的资格，但是其并非独立的民事主体，没有自己的财产，不能独立对外承担责任，不具有民事权利能力，不能享有权利承担义务，也不能成为合同当事人。业主委员会只是接受业主大会的授权，与业主大会依法选聘的物业服务人签订物业服务合同，其代表的是全体业主的利益。物业服务合同的主体应当是业主，而且是全体业主。虽然与物业服务人签订物业服务合同的可能是业主，也可能是业主委员会甚至是建设单位，但是物业服务合同的当事人是全体业主，由全体业主享有物业服务合同的权利，承担合同义务。当独门独栋的业主自己聘请物业服务人时，业主直接与物业服务人签订物业服务合同，这是极少数的。但是，现在的住宅小区往往不止一栋楼房，而且每栋楼房里面又有很多住户，整个小区业主人数众多，具有集合性的特点。在业主人数众多的情况下，由每个业主直接与物业服务人签订合同是不可能的，所以一般由业主委员会代表全体业主来与物业服务人订立合同。合同一旦成立，全体业主都是合同当事人，合同就对每个业主都发生效力，业主不得以没有直接参与合同订立为由拒绝接受合同约束。因为业主人数较多，不可能由每个业主决定自己是否订立合同，也不可能由每个业主亲自与物业服务企业签订合同，所以全体业主需要按照一定的程序来作出决定，并且由某个特定的主体来代表全体业主与物业服务人签订合同。如果业主已经成立了业主大会，则需要按照法定程序，由业主大会作出决定。

配套

《民法典》第469、937-950条

第三十五条　【物业服务企业的义务和责任】 物业服务企业应当按照物业服务合同的约定，提供相应的服务。

物业服务企业未能履行物业服务合同的约定，导致业主人身、财产安全受到损害的，应当依法承担相应的法律责任。

注解

物业服务企业应当采取合理措施保护业主的人身及财产安全，消除安全隐患，预防损害的发生。例如，以醒目的方式告知业主24小时有保安在岗的值班室以及附近派出所的联系电话，在重要部位如地下停车场、单元楼门口等安装监控探头，按照约定和有关规定对电梯进行安全检修，等等。如果出现可能危害或者已经危害到业主人身、财产安全的情形，物业服务企业应当及时制止相关行为，并且视情况采取必要措施以尽量保障业主的人身、财产安全。例如，发现小区单元楼发生高空抛物的行为，根据《民法典》第1254条第2款的规定，物业服务企业等建筑物管理人应当采取必要的安全保障措施防止前款规定情形的发生；未采取必要的安全保障措施的，应当依法承担未履行安全保障义务的侵权责任。

需要注意的是，物业服务企业承担保障业主人身、财产安全的义务，应当在一定、合理、正常范围内，不能过于苛求。例如，业主不能要求物业服务企业在物业服务合同中约定，保证在物业服务区域内不发生任何盗窃事件，或者不发生任何人身伤害事件。如果物业服务企业没有尽到其安全防范义务，导致业主的人身、财产安全受到侵害，物业服务企业应当承担相应的违约责任。当物业服务企业的行为符合侵权责任之要件时，亦构成侵权，物业服务企业须承担相应的侵权责任，此时发生违约责任与侵权责任之竞合，受到损害的业主可以向物业服务企业请求其承担违约责任或者侵权责任。

配套

《民法典》第 1254 条第 2 款

第三十六条　【物业验收和资料移交】物业服务企业承接物业时，应当与业主委员会办理物业验收手续。

业主委员会应当向物业服务企业移交本条例第二十九条第一款规定的资料。

注解

本条规定了物业服务企业承接物业时的接管与验收义务。承接验收是物业管理过程中的一个重要环节，是物业管理的基础工作和前提条件，对物业管理的顺利进行有着重要的意义。物业服务企业要履行其管理义务就必须要对物业进行接管和验收，如果房地产开发企业交付了一个设施配套并不齐全而且质量不合格的物业小区，将严重影响业主的居住、生活。因此，物业服务企业在承接一个物业项目并签订物业服务合同时，理所当然要对物业进行认真的清点和查验，以明确交接双方的权利义务，从而实现权利义务的转移，维护双方的利益。同时有利于物业服务企业根据承接中的有关物业资料，了解物业的性能与特点，预防物业管理事务中可能出现的问题，确保接管后物业的正常使用。

应用

35. 物业的接管验收应包括哪些内容?

根据《物业管理条例》第36条第2款、第29条第1款以及建设部于1991年2月4日发布的《房屋接管验收标准》的规定，物业的接管验收主要应当包括以下三项内容：

（1）物业资料的交接。业主委员会应当将下列资料交付于物业服务企业：①物业规划图；②竣工图（包括总平面、单体竣工图）；③建筑施工图；④工程验收的各种签证、记录、证明；⑤房地产权属关系的有关资料；⑥机电设备使用说明书；⑦消防系统验收证明；⑧公共设施检查验收证明；⑨用水、用电、用气指标批文；⑩水、电、气表校验报告；⑪有关工程项目的其他重要技术决定和文件。

（2）物业接管验收。一般来说物业接管验收包括以下内容：①主体结构验收。地基沉降不应超过国家规定的变形值，不得引起上部结构的开裂或毗邻房屋的破坏；主体结构构件的变形及裂缝也不能超过国家规定的标准；外墙不得渗水。②屋面及楼地面。屋面应按国家规定标准排水畅通，无积水、不渗漏；楼地面与基层的粘结应牢固，不空鼓且整体平整，无裂缝、脱皮和起砂现象；卫生间及阳台、厨房的地面相对标高应符合设计要求，不得出现倒水及渗漏现象。③装修。应保证各装修部位及构件既美观大方又满足使用要求，不得出现因装修不善而造成的门窗开关不灵，油漆色泽不一，墙皮脱落等现象。④电气。电气线路应安装平直、牢固，过墙有导管；照明器具必须安装牢固，接触良好；电梯等设备应运转正常且噪声震动不得超过规定；此外，各类记录及图纸资料应齐全。⑤水卫、消防、采暖、燃气。上、下水管道应安装牢固，控制部件启闭灵活，无滴、漏、跑、冒现象；消防设施应符合国家规定，并有消防部门检验合格证；采暖的锅炉、箱罐等压力容器应安装平整、配件齐全，没有缺陷，并有专门的检验合格证；燃气管道应无泄漏。此外，各种仪表仪器、辅机亦应齐全、灵敏、安全、准确。⑥附属工程及其他。室外道路、排水系统等的标高、坡度等因素都应符合设计规定；相应的市政、公建配套工程与服务设施应达到质量和使用功能的要求。

（3）核实原始资料。在现场验收检查的同时，应核实原始资料，逐项查明，发现有与实际不相符之处，应及时作出记录，并经双方共同签字存档。

配套

《房屋接管验收标准》

第三十七条　【物业管理用房所有权属和用途】 物业管理用房的所有权依法属于业主。未经业主大会同意，物业服务企业不得改变物业管理用房的用途。

注解

物业管理用房，又称物业服务用房，是指物业服务企业为业主提供物业服务而使用的房屋。物业服务用房是向小区提供物业服务所必需的。没有物业服务用房，物业服务人就无法为业主提供必要的物业服务。依据《民法典》第274条的规定，物业服务用房属于业主共有。在物业服务人开始为业主提供物业服务时，就可以使用物业服务用房。但是，物业服务用房的用途是特定的，物业服务人不得擅自改变用途，如出租给商户用于开设餐馆等，但是经过业主大会同意的除外。

应用

36. 物业管理中心能设小卖部吗?

在物业管理中心设小卖部，属于改变物业管理用房的用途的行为，只有在经过业主大会同意的情况下，物业服务企业才能改变物业管理用房的用途。物业管理用房是物业公司提供物业服务的场所之一，牵涉全体业主的共同利益，改变物业管理用房的用途，必须经业主们一致同意或共同决定。此外，根据《物业管理条例》第63条的规定，未经业主大会同意，物业服务企业擅自改变物业管理用房的用途的，由县级以上地方人民政府房地产行政主管部门责令限期改正，给予警告，并处1万元以上10万元以下的罚款。

配套

《民法典》第274条

第三十八条　【合同终止时物业服务企业的义务】 物业服务合同终止时，物业服务企业应当将物业管理用房和本条例第二十九条第一款规定的资料交还给业主委员会。

物业服务合同终止时，业主大会选聘了新的物业服务企业的，物业服务企业之间应当做好交接工作。

注解

物业服务合同的终止，是指物业服务合同的效力因一定的原因在将来消灭，不再具有约束力。物业服务合同终止，物业服务人应当在一定期限内退出物业服务区域，并做好有关交接工作。但在新物业服务人或者业主自己接管前，物业服务人还是应当继续处理物业服务事项。《民法典》第949条第1款规定："物业服务合同终止的，原物业服务人应当在约定期限或者合理期限内退出物业服务区域，将物业服务用房、相关设施、物业服务所必需的相关资料等交还给业主委员会、决定自行管理的业主或者其指定的人，配合新物业服务人做好交接工作，并如实告知物业的使用和管理状况。"因为物业服务合同涉及的服务事项较多，是继续性合同，一般服务期限较长，原物业服务人不仅长期占有物业服务用房，而且掌握了小区内相关设施、物业服务的很多相关资料，这些物业服务用房及相关资料应当交还给业主委员会、决定自行管理的业主或者其指定的人；如果已经选定了新物业服务人，原物业服务人还应当配合新物业服务人做好交接工作，如实告知物业的使用和管理情况。具体如何进行交接，双方可以在物业服务合同中进行约定。

应用

37. 导致物业合同终止的情形有哪些?

(1) 物业服务合同规定的期限届满，业主委员会与物业服务企业没有续签合同的；(2) 物业服务企业与业主委员会通过达成协议的方式使得物业服务合同终止；(3) 合同一方当事人有严重违约的行为时，另一方当事人行使终止权使得物业服务合同解除。

38. 原物业公司撤出后锁上了物业管理用房，该如何解决?

首先，业委会可以到房产规划局查明小区物业管理用房的标注，因为建设单位在办理房屋预售许可证和房地产初始登记时，应当将物业管理用房的座落、面积、室号在预测面积（实测面积）报告中予以注明，并加盖建设单位公章，物业管理用房在小区规划中都应配置。其次，根据《物业管理条例》第37条的规定，物业管理用房的所有权依法属于全体小区业主。业委会应尽快和开发商一起把物业管理用房的产权由开发商的大产证转到业主大会的名下。而根据《物业管理条例》第38条的规定，物业服务合同终止时，原物业服务公司应将物业管理用房和有关材料交还给业主委员会。如果原物业服务公司不移交的，业委会可以先把此情况向房地产行政主管部门反映，由房地产行政主管部门通过调解解决；若协商不成的，可以经业主大会同意，向人民法院提起诉讼；业委会也可经业主大会决定直接向人民法院提起诉讼。为避免开发商违规出售物业管理用房，业委会可以提请房地产登记部门给予产权异议登记，并尽快解决争端。

配套

《民法典》第949条

第三十九条　【专项服务业务的转委托】物业服务企业可以将物业管理区域内的专项服务业务委托给专业性服务企业，但不得将该区域内的全部物业管理一并委托给他人。

注解

物业服务合同在性质上属于委托合同，其中业主是委托人、物业服务企业是受托人。因此除了本条例有特别规定外，物业服务合同应当适用民法典合同编中关于委托合同的规定。由于物业管理活动内容广泛，许多领域专业性强，一个物业服务企业可能很难完全胜任，必须将这些专业性的服务活动再行委托给其他专业服务公司才能很好地完成其物业管理活动。

物业服务企业可以将专项服务业务委托给专业服务公司来承担，但不得将全部的物业管理都委托给他人。根据本条的规定，物业服务企业可以将专项服务业务委托给专业性服务企业。物业服务企业是依据物业服务委托合同对受托的物业实施管理的，在管理的过程中，物业服务企业可以行使一定的权利。这些权利中就包括了“选聘专营公司或聘用专人承担清洁、保安、绿化等专项服务业务”。由此可见，物业服务企业是有权自主选择专业服务公司来承担专项管理服务工作的。但物业服务企业不能将全部的物业管理一并委托给他人。物业服务企业将物业服务区域内的全部物业服务业务一并委托他人而签订的委托合同，业主委员会或者业主请求确认合同或者合同相关条款无效的，人民法院应予支持。

配套

《民法典》第169、285、923条

第四十条　【物业服务收费】物业服务收费应当遵循合理、公开以及费用与服务水平相适应的原则，区别不同物业的性质和特点，由业主和物业服务企业按照国务院价格主管部门会同国务院建设行政主管部门制定的物业服务收费办法，在物业服务合同中约定。

注解

物业服务收费，是指物业服务企业按照物业服务合同的约定，对房屋及配套的设施设备和相关场地进行维修、养护、管理，维护相关区域内的环境卫生和秩序，向业主所收取的费用。

应用

39. 物业服务收费明码标价包括哪些内容?

物业服务收费明码标价包括：物业服务企业名称、收费对象、服务内容、服务标准、计费方式、计费起始时间、收费项目、收费标准、价格管理形式、收费依据、价格举报电话等。实行政府指导价的物业服务收费应当同时标明基准收费标准、浮动幅度，以及实际收费标准。

40. 物业服务收费办法如何确定?

物业服务收费应当遵循合理、公开以及费用与服务水平相适应的原则。

物业服务收费应当区分不同物业的性质和特点分别实行政府指导价和市场调节价。具体定价形式由省、自治区、直辖市人民政府价格主管部门会同房地产行政主管部门确定。物业服务收费实行政府指导价的，有定价权限的人民政府价格主管部门应当会同房地产行政主管部门根据物业管理服务等级标准等因素，制定相应的基准价及其浮动幅度，并定期公布。具体收费标准由业主与物业管理企业根据规定的基准价和浮动幅度在物业服务合同中约定。实行市场调节价的物业服务收费，由业主与物业管理企业在物业服务合同中约定。

业主与物业管理企业可以采取包干制或者酬金制等形式约定物业服务费用。包干制是指由业主向物业管理企业支付固定物业服务费用，盈余或者亏损均由物业管理企业享有或者承担的物业服务计费方式。酬金制是指在预收的物业服务资金中按约定比例或者约定数额提取酬金支付给物业管理企业，其余全部用于物业服务合同约定的支出，结余或者不足均由业主享有或者承担的物业服务计费方式。

配套

《价格法》第13条；《物业服务收费管理办法》第2、5-8条；《物业服务收费明码标价规定》；《物业服务定价成本监审办法（试行）》

第四十一条　【物业服务费交纳】 业主应当根据物业服务合同的约定交纳物业服务费用。业主与物业使用人约定由物业使用人交纳物业服务费用的，从其约定，业主负连带交纳责任。

已竣工但尚未出售或者尚未交给物业买受人的物业，物业服务费用由建设单位交纳。

注解

第一，物业已经出卖并交付给业主的，业主是交纳服务费的义务人。由于业主是物业的所有人，同时物业服务合同是由业主委员会代表业主与物业服务企业签订的，所以业主是合同的当事人，由其享有物业服务合同所产生的权利同时也应当由其负担物业服务合同所创设的义务，在物业服务合同中，业主一方的主要义务便是交纳物业服务费。

第二，若业主将物业交予他人使用时，由于物业使用人并非合同的当事人，因此，除非经由债务承担，物业使用人不负有交纳服务费的义务。根据民法典合同编的规定，由债务人与第三人签订合同进行债务承担的应当经债权人同意才对债权人有效，因此，若未经债权人同意的不构成债务承担，此时，业主与物业使用人的约定对物业服务企业不产生效力，但是，该约定在业主与物业使用人之间仍然有效。但是，物业使用人向物业服务企业交纳物业服务费的，物业服务企业应当受领不得拒绝，否则会构成受领迟延，因为，债务除了依据法律或合同之约定应由债务人亲自履行的外均得由第三人履行。若物业使用人不按约定交纳物业服务费用的，仍应当由物业所有人即业主承担责任，物业服务企业不得要求物业使用人承担责任，但是物业使用人必须向业主承担责任。本条第1款规定即应作此解释。

第三，当物业尚未出售或虽已出售但是尚未交付给业主时，物业服务合同的当事人是物业服务企业与房地产开发单位（即本条例所称的建设单位），所以物业服务费应当由房地产开发单位支付。

应用

41. 业主在小区内丢失财物，能否因此拒交物业费？

能否拒交物业费，关键在于物业服务公司对于丢失财物是否存在过错。双方的权利义务是由物业服务合同确定的，依法成立的合同，受法律保护。合同当事人应当按照合同的约定，全部履行自己的义务。物业服务公司应该履行其职责，才有权要求业主支付物业服务费。如果业主认为物业公司没有履行其职责和义务，可以要求业主委员会与物业公司协商，并按照物业服务合同的有关条款做出处理。物业公司收取的物业费虽然包含保安费，但并不意味着住户丢失的财物都应当由物业公司负责。盗窃行为属于治安或刑事范围，已超出了保安的职责范围。根据民法典合同编的有关规定，在物业公司履行职责过程中没有过错的情况下，这一责任不应当由物业服务公司承担。业主因此拒交物业费，不应支持。

42. 暂时没有入住，是否仍应交纳物业费？

物业服务费的交纳不以入住为前提，如果合同中有时间约定，则以该约定为准，如果没有约定，那么物业服务费的交纳一般应从业主收房时开始计算。物业的管理不仅是对人的管理，更重要的是对物业本身的管理。虽然业主没入住，但是物业管理已经涉及物业本身，这不仅包括业主独有的部分，更重要的是对共用部分、共用设施的管理。因此，物业服务费的交纳不应当以入住为前提。至于每年交多少，应在政府指导价的范围内按照合同的约定交纳。

43. 已实际居住但未获得产权之前，是否应当支付物业服务费？

虽然买受人尚未获得所购房屋的产权，但其已经实际居住房屋，从物业管理中受益，理应支付物业服务费用。《物业管理条例》规定业主是指物业的所有权人，但是，一般而言，房屋买卖合同的签订时间与房屋产权过户的时间并非一致，业主在产权过户手续办理完毕之前，因其并未获得房屋产权，所以，此时已经入住的买受人仍然不是产权人，此时的产权人仍为房地产开发商。虽然如此，但买受人对入住房屋已经享有相当的控制权，获得了实际居住的权利；而且，已经办理了入住手续的买受人将从物业管理中受益，要求其支付物业服务费用也是合理的。因此，获得产权之前的买受人虽然不是法律意义上的业主，但仍应当按照业主的标准履行物业管理有关的义务。

44. 承租人是否要交纳物业服务费用?

承租人是否交纳物业服务费用，关键是看承租房屋时有无具体约定。根据《物业管理条例》第41条第1款规定："业主应当根据物业服务合同的约定交纳物业服务费用，业主与物业使用人约定由物业使用人交纳物业服务费用的，从其约定，业主负连带交纳责任。"因此，如果出租人希望承租人承担物业服务费用，则应当在房屋租赁合同中加以明确约定，并且最好将该租赁合同交物业服务企业一份，由物业服务企业盖章确认。只有在这种情况下，物业服务费用才由承租人承担，但业主仍然要承担连带责任。如果没有告知物业服务企业并经确认，物业服务企业可直接要求业主交纳。

45. 开发商是否应当为闲置房屋交纳物业服务费?

开发商也是业主之一，应当为没有售出的房屋交纳物业服务费。《物业管理条例》第41条第2款规定："已竣工但尚未出售或者尚未交给物业买受人的物业，物业服务费用由建设单位交纳。"此条明确了开发商应当为没有售出的房屋交纳物业费。此外，业主在购房时，购房合同中都有前期物业服务方面的协议条款，其中应当有关于闲置房如何交纳物业服务费用的条款，开发商也是业主之一，应当按此标准交纳物业费。同时，开发商在售房前，一般会制定《临时管理规约》，如果规约中有关于闲置房物业服务的条款，作为业主之一的开发商当然应当遵守。

第四十二条　【物业服务收费监督】县级以上人民政府价格主管部门会同同级房地产行政主管部门，应当加强对物业服务收费的监督。

注解

物业服务收费的标准实行国家监管制度，其监管机关是县级以上的人民政府的价格主管部门及其同级房地产行政主管部门。房地产行政主管部门的监督检查是对物业管理全面的监督，价格主管部门对物业服务企业的管理主要体现在对物业管理服务的价格管理上。

应用

46. 物业服务收费监督是如何实现的?

在物业已交付使用但尚未成立业主委员会时，物业管理综合服务收费一般由物业服务企业在政府指导价范围内提出，报县级以上物价局核定审批。另外，物业服务企业对全体业主提供的公共性服务收费，如装修保证金、有线电视入网费、水电费周转金等也应报物价局审批。在业主委员会成立后，物业服务收费标准由物业服务企业与业主委员会在物业服务合同中依据《物业管理条例》第40条规定的原则约定或由双方协商确定，并报物价局备案。

配套

《价格法》第5条；《物业服务定价成本监审办法（试行）》；《物业服务收费明码标价规定》第4条；《物业服务收费管理办法》第4、21条

第四十三条　【业主特约服务】物业服务企业可以根据业主的委托提供物业服务合同约定以外的服务项目，服务报酬由双方约定。

注解

既然物业服务企业与业主之间是合同关系，那么根据合同自由原则，物业合同究竟应当包括哪些内容完全取决于当事人的约定，只要其约定不违反善良风俗以及法律的强制性规定都是有效的。如果业主需要物业服务企业提供物业服务合同中约定的服务以外的其他服务的，必须与物业服务企业单独订立委托合同，就服务的种类、标准、服务费用的数额及其支付的方式、时间等作出具体的约定。合同一经成立生效当事人必须按照合同的约定履行合同，否则就会构成违约从而须承担违约责任。

应用

47. 物业公司帮助业主出租房屋，是否可以收取中介费用?

这个问题的关键在于，帮助业主出租房屋，是否属于物业服务合同的服务内容，如果在物业服务合同中有约定，业主不必另行交纳费用；如果没有约定，物业服务企业可以收取一定的费用。《物业管理条例》第35条第1款规定，物业服务企业应当按照物业服务合同的约定，提供相应的服务。在一

般情况下，物业服务合同服务内容并不包括租赁服务。物业服务企业没有帮业主出租房屋的义务。但有些业主因为自身工作忙，所购置的物业不在居住地，且业主信息不灵，不了解出租行情等，往往将物业出租交给物业服务企业负责。物业服务企业可以根据业主的委托提供物业服务合同约定以外的服务项目，服务报酬由双方约定。可见，物业服务企业为业主提供出租物业等特约服务时，可以收取一定的咨询费。

配套

《民法典》第285、919-936条；《物业服务收费明码标价规定》第9条；《物业服务收费管理办法》第20条

第四十四条　【公用事业单位收费】物业管理区域内，供水、供电、供气、供热、通信、有线电视等单位应当向最终用户收取有关费用。

物业服务企业接受委托代收前款费用的，不得向业主收取手续费等额外费用。

注解

本条第1款将交纳义务人规定为该等公用事业服务的最终用户，而非物业服务企业。由于合同具有相对性，只对合同当事人有约束力，对第三人原则上没有约束力，因此，只有供电、供水等单位与用户享有合同规定的权利并承担合同义务。当然，如果物业服务企业为了满足自己的需要而与供用电等单位签订供用电等合同的，作为合同当事人（即用户）应当交纳电费等。

应用

48. 物业公司以入住率不符合约定为由而不予供暖怎么办？

目前，小区居民住宅的供暖方式主要有两种：一种是专门的热力集团或热力公司集中供暖，另一种是小区自身配套的供暖设备供暖，主要是锅炉供暖。如果是专门的热力集团供暖，物业公司无权决定是否供暖。根据《物业管理条例》第44条第1款的规定，物业管理区域内，供水、供电、供气、供热、通信、有线电视等单位应当向最终用户收取有关费用。可见，直接的供暖人是热力公司，物业公司只负责代收供暖费及日常的协助供暖管理。决定是否供暖的是热力公司，而热力公司的供暖对象一般不是一个小区，因此

一般不会受单个小区业主入住率的影响。

如果是利用小区自身配套的供暖设备供暖，那么，业主也有权通过业主大会决议的形式要求供暖。根据《住宅专项维修资金管理办法》第3条的规定，小区的锅炉、暖气线路属于业主共用设施设备，除非购房合同中明确了此锅炉由开发商单独购买，否则属于已经被业主分摊了的部分。因此，物业公司只是此设备的委托管理人。作为管理人，物业公司有权依照《前期物业服务合同》的规定供暖。此时，业主如想尽快摆脱没有暖气的日子，应当尽早通过业主大会决定是否供暖，毕竟供暖所需能源一般是由业主承担的。

配套

《民法典》第648-656条；《物业服务收费明码标价规定》第8条；《住宅专项维修资金管理办法》第3条

第四十五条　【对违法行为的制止、报告】对物业管理区域内违反有关治安、环保、物业装饰装修和使用等方面法律、法规规定的行为，物业服务企业应当制止，并及时向有关行政管理部门报告。

有关行政管理部门在接到物业服务企业的报告后，应当依法对违法行为予以制止或者依法处理。

注解

依据《物业管理条例》及物业服务合同的约定，物业服务企业的主要义务包括：(1)房屋及共用设施设备的维修和管理；(2)卫生保洁服务；(3)保安服务；(4)绿化管理；(5)消防管理；(6)车辆管理；(7)装修管理；(8)环境管理等。因此，当物业管理区域内出现违反治安、环保、物业装饰装修和使用等方面法律、法规以及管理规约等行为而对物业管理区域的安全、环境等造成损害或威胁时，物业服务企业应当采取合法的手段予以制止，并将这些情况及时地报告有关国家机关予以处理。因此而给业主造成损失的应当承担损害赔偿责任。但是由于物业服务企业并非国家执法机关，不得行使执法权。有关行政管理部门接到报告后应当依法予以处理。如果物业服务企业报告之后，相关主管部门不予理睬，属于行政不作为，应当承担相应的法律责任，构成犯罪的，依法追究刑事责任；尚不构成犯罪的，依法给予行政处分。

应用

49. 业主改变住房用途，物业公司可以干涉吗？

《物业管理条例》第45条规定，对物业管理区域内违反有关治安、环保、物业装饰装修和使用等方面法律、法规规定的行为，物业服务企业应当制止，并及时向有关行政管理部门报告。物业服务企业对其管理区域内的擅自改变房屋用途的行为，有权及时劝阻并报告有关行政主管机关。由于擅自改变房屋用途的行为违反了有关房屋使用管理的规定，因此，物业服务企业可以要求业主恢复原状，并向该市房屋行政管理部门报告。否则，业主团体可以向法院起诉，要求该业主恢复原状。

50. 建筑垃圾致人损害，物业公司是否需承担责任？

物业公司即使没有清运建筑垃圾的义务，也应当注意提醒业主及时清理，避免造成隐患。否则，对于建筑垃圾带来的问题，物业公司有着不可推卸的责任。对于建筑垃圾的清理，有的小区是由堆放的业主自行委托人员清理，有的小区则是由物业公司清理。如果是由物业公司清理，物业公司应当严格按照法律法规规定的时间或方式清理垃圾；如果物业公司与业主约定垃圾由业主自行清理，则物业公司也应注意提醒业主及时清理，避免造成隐患。如物业公司既没有督促业主及时清理垃圾，也没有自行清理垃圾，则应当承担责任。

配套

《民法典》第279条；《住宅室内装饰装修管理办法》第5、6条；《最高人民法院关于审理物业服务纠纷案件适用法律若干问题的解释》第1条

第四十六条　【物业服务企业的安全防范义务及保安人员的职责】物业服务企业应当协助做好物业管理区域内的安全防范工作。发生安全事故时，物业服务企业在采取应急措施的同时，应当及时向有关行政管理部门报告，协助做好救助工作。

物业服务企业雇请保安人员的，应当遵守国家有关规定。保安人员在维护物业管理区域内的公共秩序时，应当履行职责，不得侵害公民的合法权益。

注解

《民法典》第942条第2款规定，对物业服务区域内违反有关治安、环保、消防等法律法规的行为，物业服务企业应当及时采取合理措施制止、向有关行政主管部门报告并协助处理。

应用

51. 物业消防管理通常包括哪些方面?

(1) 定期检查、维修消防设施和器材、设置消防安全标志，确保消防设施和器材的完好、有效。(2) 定期组织防火检查，及时消除火灾隐患。当物业服务企业发现消防安全隐患后，应当通知有关责任人及时改进。如果责任人拒绝改进的，物业服务企业应当及时告知业主团体或直接通报有关行政主管部门。物业服务企业怠于履行约定的消防管理义务造成损失或损失扩大的，应承担民事责任。(3) 开展防火安全知识宣传教育。(4) 保障疏通通道、安全出口畅通，并保持符合国家规定的消防安全疏通标志。(5) 当物业管理区域内发生火灾时，物业服务企业应当积极进行救助工作，并及时通知消防机关，否则应当承担相应的法律责任。

52. 小区治安管理通常包括哪些内容?

小区治安管理义务包括以下具体内容：(1) 执行门卫值班制度，以防闲杂人员自由进出物业小区；(2) 实施安保巡逻制度，以便及时发现并排除治安隐患；(3) 制止不遵守管理规约等规章制度的各种行为；(4) 检查进出小区的车辆，并维护小区内车辆的停放秩序；(5) 防范并制止其他妨害小区公共安全秩序的行为。

53. 物业公司是否要为用人不当承担责任?

物业服务企业在聘用员工时，应尽谨慎注意义务，充分考察员工的品行是否适合该工作。由于物业服务企业的疏忽，而导致员工侵权，企业应当承担责任。

配套

《民法典》第942条；《保安服务管理条例》；《公安机关实施保安服务管理条例办法》

第四十七条　【物业使用人的权利义务】物业使用人在物业管理活动中的权利义务由业主和物业使用人约定，但不得违反法律、法规和管理规约的有关规定。

物业使用人违反本条例和管理规约的规定，有关业主应当承担连带责任。

注解

物业管理活动中各方当事人之间的权利义务主要是由物业服务合同所产生的，所以，该等权利义务除法律、法规有特别规定外只能由物业服务合同的各方当事人享有与承担。根据本条例第15条之规定，物业服务合同是由业主委员会代表业主与业主大会选聘的物业服务企业签订的，所以，物业服务合同的双方当事人是物业服务企业与业主。因此，根据物业服务合同所产生的权利与义务只能由物业服务企业及各业主依合同之约定享有与承担。物业使用人由于不是合同的当事人，所以既不能享有合同权利也无须承担合同义务。但是，物业使用人为了能够实现其根据物业使用合同（主要为租赁合同）所取得的对物业的使用权，必须利用物业服务企业所提供的各种服务，也就是说，物业使用人必须享有业主在物业服务中所享有的各种权利才能满足其对物业的使用利益。

应用

54. 物业使用人违约，业主要承担责任吗?

《物业管理条例》第47条规定了物业使用人在物业使用活动中的权利义务关系，由业主和物业使用人约定，但不得违反法律、法规和业主公约的有关规定。物业使用人违反本条例和业主公约的规定，有关业主应当承担连带责任。业主作为业主公约的制定者和物业服务合同的当事人，当然有遵守物业服务合同和执行业主公约的义务。《民法典》第593条规定：“当事人一方因第三人的原因造成违约的，应当依法向对方承担违约责任；当事人一方和第三人之间的纠纷，依照法律规定或者按照约定处理。”故业主在选择物业使用人时，应当承担责任，使其选择的物业使用人不违反相关法律、法规及业主公约的规定，以保证物业服务合同的履行和全体业主的利益。业主和物业使用人之间的关于权利义务关系的内部约定不能对抗第三人。因此，对物业使用人违反《物业管理条例》和业主公约的行为，物业公司可要求业主承担连带责任，但业主在承担责任后可依法向物业使用人追偿。

配套

《民法典》第522、545、554、556条；《最高人民法院关于审理物业服务纠纷案件适用法律若干问题的解释》第4条

第四十八条　【关于物业管理的投诉】县级以上地方人民政府房地产行政主管部门应当及时处理业主、业主委员会、物业使用人和物业服务企业在物业管理活动中的投诉。

注解

物业管理纠纷投诉，是指物业管理法律关系一方当事人，即业主、业主委员会和使用人在物业管理过程中，对物业服务企业或其他物业管理主体违反物业管理有关法律法规、委托服务合同等行为，向所在地物业管理行政管理部门（房地产管理部门）、物业管理协会、消费者协会或物业服务企业的上级部门进行口头或书面的反映。投诉人可以是业主委员会、业主和物业使用人，也可以是物业服务企业，被投诉的对象一般是物业服务企业，也可以是业主委员会、业主和物业使用人，物业所在地的房地产管理部门，其他行政管理部门等。

应用

55. 关于物业管理投诉的种类有哪些?

（1）业主或物业使用人对其他业主或使用人的投诉。如有些业主或物业使用人因在天井、庭院、平台、屋顶以及道路搭建建筑物，而影响其他业主正常的工作、生活或影响物业区域整体美观，致使违反物业管理条例的有关规定，有利益关系的业主或物业使用人对此行为进行投诉。（2）业主或物业使用人对业主委员会投诉。如因业主委员会没能履行职责，致使业主或物业使用人的权益受到损害，而对其进行投诉。（3）业主委员会、业主和物业使用人对物业服务企业的投诉。如物业服务企业没能履行物业服务合同中约定的有关条款，致使居住区的治安保卫服务没能到位；物业服务企业乱收物业管理费，维修基金管理混乱，且账目不公开等行为。（4）业主委员会、业主和物业使用人向有关专业管理部门的投诉。如因居住区内经常

无故停水、停电，环卫部门没能定期清运垃圾，铺设地下管道而未使小区道路路面平整等情况，影响业主和使用人正常的生活和工作，致使向有关管理部门投诉。(5) 业主委员会对业主和物业使用人的投诉。如因业主或物业使用人在装修时，损坏房屋承重结构或破坏房屋外貌，经业主委员会、物业服务企业劝阻无效的行为，而对其进行投诉。(6) 物业服务企业对有关专业管理部门的投诉。如“统一管理、综合服务”的物业管理模式与各专业管理部门还存在分工不明，职责不清的矛盾，在具体矛盾出现的情况下，对有关专业管理部门进行投诉。(7) 业主委员会、业主和物业使用人对房产开发商的投诉。如房产开发商所建造的房屋存在严重的质量问题或配套不到位问题，影响业主和使用人的生活和工作，致使对其进行投诉。(8) 业主委员会、业主和物业使用人对物业管理主管部门的投诉。如物业所在地房地产管理部门或有关工作人员干扰组建业主委员会或变相指定物业服务企业等行为，对此提起投诉。

第五章　物业的使用与维护

第四十九条　【改变公共建筑及共用设施用途的程序】 物业管理区域内按照规划建设的公共建筑和共用设施，不得改变用途。

业主依法确需改变公共建筑和共用设施用途的，应当在依法办理有关手续后告知物业服务企业；物业服务企业确需改变公共建筑和共用设施用途的，应当提请业主大会讨论决定同意后，由业主依法办理有关手续。

注解

对公共建筑及共用设施用途加以改变属于对该等建筑及设施进行事实上的处分，而进行处分必须由有处分权的人进行或者至少经其授权。由于物业管理区域内的公共建筑及共用设施是由全体业主根据建筑物区分所有权的规则所共有的，因此，若必须改变这些公共建筑及共用设施的用途时，应当由全体业主共同决定。

应用

56. 改变公共建筑及共用设施用途应采用什么程序？

《物业管理条例》规定，业主行使对公共部分的所有权的方式是通过召开业主大会，经专有部分占建筑物总面积2/3的业主且占总人数2/3以上的业主同意的方式进行。业主需要改变这些建筑及设施时仅需经业主大会讨论同意并告知物业服务企业即可。由于物业服务企业并非物业的所有人，因此，其须改变这些建筑及设施时也必须经业主大会讨论通过。由于物业区域涉及公共利益，因此，对物业管理区域内的公共建筑及共用设施用途加以改变的还必须履行法定的手续。

57. 业主能否在消防疏散楼梯内堆放杂物？

物业管理区域内按照规划建设的公共建筑和共用设施，是满足业主正常的生产、生活需求所必需的，其设计对于物业管理区域来讲是一体的，因而其用途不得随意改变。如随意改变其用途，不仅不能发挥其规划设计的功能，而且还会造成事故隐患。消防疏散楼梯是物业区域内的共用设施，有特殊的用途，是用于事故发生时紧急疏散人群的，在正常情况下不得作为通行楼梯使用，也不得堆放杂物，造成堵塞等。《物业管理条例》第49条规定了，物业管理区域内按照规划建设的公共建筑和共用设施，不得改变用途，业主依法需要改变公共建筑和共用设施用途的，应当在依法办理有关手续后告知物业服务企业；物业服务企业确需改变公共建筑和共用设施的，应当提请业主大会讨论决定同意后，由业主依法办理相关手续。如果业主没有办理相应的手续取得同意，则不得将杂物堆放在消防疏散楼梯内。并且，物业公司有权对此行为进行制止，因为物业服务企业对物业管理区域内违反有关治安、环保、物业装饰装修和使用等方面法律、法规规定的行为应当制止，并及时向有关行政管理部门报告。另外，对于业主的行为除了令其清除以外，根据《物业管理条例》第64条的规定，还应当由县级以上地方人民政府房地产行政主管部门处1000元以上1万元以下的罚款。

配套

《民法典》第274条；《最高人民法院关于审理建筑物区分所有权纠纷案件适用法律若干问题的解释》第14条

第五十条　【公共道路、场地的占用、挖掘】业主、物业服务企业不得擅自占用、挖掘物业管理区域内的道路、场地，损害业主的共同利益。

因维修物业或者公共利益，业主确需临时占用、挖掘道路、场地的，应当征得业主委员会和物业服务企业的同意；物业服务企业确需临时占用、挖掘道路、场地的，应当征得业主委员会的同意。

业主、物业服务企业应当将临时占用、挖掘的道路、场地，在约定期限内恢复原状。

注解

物业管理区域内的道路、场地属于全体业主所共有，应该由全体业主按照其通常用途加以使用。因此通常而言，单个业主以及物业服务企业均无权超出物业使用与服务的范围而擅自占用、挖掘道路、场地，否则就侵害了其他业主或者全体业主对于物业共有或者共用部分所享有的权利。但是在特殊情况下，业主或者物业服务企业可能需要临时占用与挖掘道路、场地。

本条例对此限定在因为维修物业或者公共利益，并且是确需占用、挖掘的。因此，除了事出有因之外，还要达到确需的程度，也就是说，占用与挖掘是达到维修或者维护公共利益目的必需的不可或缺的手段，在这种场合下才允许占用与挖掘。除了上述的前提条件外，还需获得业主或者物业服务企业的同意，双方应当就占用与挖掘的具体范围、方式、时间等做出安排。

应用

58. 物业服务企业是否有权拆除业主擅自占用的道路、场地上的建筑？

物业管理区域内的道路、场地属于业主共同共有，是业主生活的必要条件，是物业管理区域内不可缺少的共用设施。如果该道路、场地遭到了破坏，进行了超出正常范围的使用，将严重影响业主的正常通行秩序，甚至还会存在安全隐患，因此，基于业主共同利益的需要，作为业主以及物业服务企业有义务按照通常用途对道路、场地加以使用。业主、物业服务企业不得擅自占用、挖掘物业管理区域内的道路、场地。根据《物业管理条例》第50条的规定，业主、物业服务企业不得擅自占用、挖掘物业管理区域内的道路、场地，损害业主的共同利益。因此，业主占用物业管理区域内的道路及绿地的行为侵害了其他业主的共同利益，应当予以恢复原状。

当然，法律并没有完全禁止占用以及挖掘道路及场地的行为，如果是因维修物业或者公共利益，业主确需临时占用、挖掘道路、场地的，在征得业主委员会和物业服务企业的同意下，或者物业服务企业确需临时占用、挖掘道路、场地的，在征得业主委员会的同意下，方可实施。

配套

《民法典》第274条

第五十一条　【公用事业设施维护责任】供水、供电、供气、供热、通信、有线电视等单位，应当依法承担物业管理区域内相关管线和设施设备维修、养护的责任。

前款规定的单位因维修、养护等需要，临时占用、挖掘道路、场地的，应当及时恢复原状。

注解

物业管理区域内相关管线和设施设备的维修、养护责任的划分，法律法规有规定的，依照其规定；法律法规没有规定的，应当通过合同约定来确定；没有合同或者合同没有约定的，由当事人协商解决；如果供水、供电、供气、供热、通信、有线电视等供应价格已包含了物业管理区域内相关管线和设施设备的维修、养护费用的，物业管理区域内相关管线和设施设备的维修、养护责任由相应的供应单位承担。这是因为，安装并维护这些管线设施是有关单位根据其与业主（即水、电、气、热、通信、有线电视的用户）所签订的供电、供水、供热、供气、通信、有线电视合同所承担的义务，是用户通过水费、电费、气费等向其支付的相关服务费用的对价。

配套

《民法典》第653、656条；《建设部办公厅关于对〈物业管理条例〉有关条款理解适用问题的批复》

第五十二条　【关于房屋装饰、装修的告知义务】业主需要装饰装修房屋的，应当事先告知物业服务企业。

物业服务企业应当将房屋装饰装修中的禁止行为和注意事项告知业主。

注解

业主作为物业专有部分的所有人，原则上有权利处分自己专有部分的物业，当然包括装修装饰物业的权利。但是由于业主专有物业部分与其他业主的专有部分及共用部分紧密结合或者相邻，业主进行装修装饰施工时都会影响到其他业主的利益。因为装修装饰施工时会发出噪音、会产生大量的装修垃圾、可能会造成管道堵塞、渗漏水、停电、物品毁坏等侵害其他业主或居民的合法利益，因此法律必须对此进行调整。规定业主在装修装饰时应当遵循一定的准则，禁止一系列严重影响其他业主利益的行为。

根据《住宅室内装饰装修管理办法》的规定，住宅室内装饰装修活动，禁止下列行为：(1) 未经原设计单位或者具有相应资质等级的设计单位提出设计方案，变动建筑主体和承重结构；(2) 将没有防水要求的房间或者阳台改为卫生间、厨房间；(3) 扩大承重墙上原有的门窗尺寸，拆除连接阳台的砖、混凝土墙体；(4) 损坏房屋原有节能设施，降低节能效果；(5) 其他影响建筑结构和使用安全的行为。

建筑主体，是指建筑实体的结构构造，包括屋盖、楼盖、梁、柱、支撑、墙体、连接接点和基础等。

承重结构，是指直接将本身自重与各种外加作用力系统地传递给基础地基的主要结构构件和其连接接点，包括承重墙体、立杆、柱、框架柱、支墩、楼板、梁、屋架、悬索等。

装修人从事住宅室内装饰装修活动，未经批准，不得有下列行为：(1) 搭建建筑物、构筑物；(2) 改变住宅外立面，在非承重外墙上开门、窗；(3) 拆改供暖管道和设施；(4) 拆改燃气管道和设施。这里所列第 (1) 项、第 (2) 项行为，应当经城市规划行政主管部门批准；第 (3) 项行为，应当经供暖管理单位批准；第 (4) 项行为，应当经燃气管理单位批准。

应用

59. 业主在自己家里装修也要经过物业公司同意吗?

《物业管理条例》第 52 条第 1 款规定："业主需要装饰装修房屋的，应当事先告知物业服务企业。”因此，业主如果需要装修房屋，应当事先告知物业公司，以了解装修过程中的禁止行为和注意事项，以免莽撞装修造成巨大损失。根据第52条第2款的规定，物业公司应当将房屋装饰装修中的禁止行为和注意事项告知业主，面对业主在装修过程中的违法行为，应当及时向有关行政管理部门报告。

《民法典》第945条第1款也规定：“业主装饰装修房屋的，应当事先告知物业服务人，遵守物业服务人提示的合理注意事项，并配合其进行必要的现场检查。”业主装饰装修房屋，不仅应当在动工前告知物业服务人，而且应当遵守物业服务人提示的合理注意事项，并配合其进行必要的现场检查。这主要是因为物业服务人比较了解物业的实际情况，可以向业主提供必要的信息，并提示合理的注意事项，以免业主在装饰装修的过程中对建筑物尤其是建筑物的共有部分造成损害，造成其他业主的损失，且在损害发生时，物业服务人能够第一时间掌握相关情况并采取措施进行补救。

60. 物业服务企业是否应加强装饰装修活动现场的巡查检查?

物业服务企业在为装修人办理房屋室内装饰装修登记手续时，要告知装饰装修禁止行为和注意事项，按照装饰装修管理服务协议约定加强装饰装修活动现场的巡查检查，发现违法违规行为的，要采取合理措施制止，并及时报告属地街道办事处、城管执法平台、有关部门或12345热线依法处理。对于物业服务企业未按规定告知禁止行为和注意事项、未按规定巡查检查、制止和报告的，视情节严重程度依法依规给予警告、罚款、吊销营业执照等处罚，并记入企业信用档案。对负有责任的相关从业人员依法处罚。

配套

《民法典》第945条；《住宅室内装饰装修管理办法》；《住房和城乡建设部关于进一步加强城市房屋室内装饰装修安全管理的通知》

第五十三条　【专项维修资金】住宅物业、住宅小区内的非住宅物业或者与单幢住宅楼结构相连的非住宅物业的业主，应当按照国家有关规定交纳专项维修资金。

专项维修资金属于业主所有，专项用于物业保修期满后物业共用部位、共用设施设备的维修和更新、改造，不得挪作他用。

专项维修资金收取、使用、管理的办法由国务院建设行政主管部门会同国务院财政部门制定。

注解

根据《住宅专项维修资金管理办法》的规定，住宅专项维修资金，是指专项用于住宅共用部位、共用设施设备保修期满后的维修和更新、改造的资金。住宅共用部位，是指根据法律、法规和房屋买卖合同，由单幢住宅内业主或者单幢住宅内业主及与之结构相连的非住宅业主共有的部位，一般包括：住宅的基础、承重墙体、柱、梁、楼板、屋顶以及户外的墙面、门厅、楼梯间、走廊通道等。共用设施设备，是指根据法律、法规和房屋买卖合同，由住宅业主或者住宅业主及有关非住宅业主共有的附属设施设备，一般包括电梯、天线、照明、消防设施、绿地、道路、路灯、沟渠、池、井、非经营性车场车库、公益性文体设施和共用设施设备使用的房屋等。所谓大修，是对共用部位、共用设备设施的大规模的维修。所谓更新和改造，是对共用部位、共用设施设备中坏旧部分的更换，以使其保持正常的使用或者不断提高其使用效能或使其具有新的效能。

应用

61. 物业服务企业对物业维修基金的使用不符合法定使用范围，是否应当返还?

小区的物业维修基金属于业主所有，专项用于物业共用部位、共用设施设备的维修和更新、改造。物业服务企业对物业维修基金的使用应符合法定使用范围，否则构成侵权，依法要承担相应的侵权责任，将物业维修基金返还给小区全体业主。

62. 被挪用的物业维修基金应当返还给谁?

《物业管理条例》第53条第2款规定："专项维修资金属于业主所有，专项用于物业保修期满后物业共用部位、共用设施设备的维修和更新、改造，不得挪作他用。"《民法典》第281条明确规定，建筑物及其附属设施的维修资金，属于业主共有。

可见，从权利归属上说，专项维修基金的所有权属于业主。一方面，从物业管理基金的交纳主体来看，日常收取的物业维修资金是由业主在交纳物业服务费时一并交纳，由物业服务企业按月存入物业专项维修资金专户的。尽管首期归集的专项维修资金是由建设单位按照物业项目建筑安装工程总造价的一定比例划入指定的物业专项维修资金专户，但是其实质上还是业主在购买房屋时承担了相应的物业维修基金。另一方面，从物业维修基金的用途上也可以得出其所有权归业主所有的结论，因为物业维修基金是用于物业共用部位、共用设施设备的维修和更新、改造，而物业共用部位、共用设施的所有权属于业主，物业维修基金的所有权自然应当属于业主。

63. 业主拒绝交纳专项维修资金，能否以诉讼时效提出抗辩?

业主大会要求补缴维修资金的权利，是业主大会代表全体业主行使维护小区共同或公共利益之职责的管理权。如果允许某些业主不交纳维修资金而可享有以其他业主的维修资金维护共有部分而带来的利益，其他业主就有可能在维护共有部分上支付超出自己份额的金钱，这违背了公平原则，并将对建筑物的长期安全使用，对全体业主的共有或公共利益造成损害。

基于专项维修资金的性质和业主交纳专项维修资金义务的性质，不依法自觉交纳专项维修资金的业主，并以业主大会起诉追讨专项维修资金已超过诉讼时效进行抗辩，该抗辩理由不能成立，人民法院不予支持。**（最高人民法院指导案例65号：上海市虹口区久乐大厦小区业主大会诉上海环亚实业总公司业主共有权纠纷案）**

配套

《民法典》第281条；《国家税务总局关于住房专项维修基金征免营业税问题的通知》；《住宅专项维修资金管理办法》

第五十四条　【对共用部位、共用设备设施经营的收益】 利用物业共用部位、共用设施设备进行经营的，应当在征得相关业主、业主大会、物业服务企业的同意后，按照规定办理有关手续。业主所得收益应当主要用于补充专项维修资金，也可以按照业主大会的决定使用。

注解

原则上，各业主对于物业共用部位、共用设施设备在利用有剩余且不影响物业的使用和管理的情况下，可以经营。但是，如果进行商业经营，就超出了个人有权利用的范围。所以，利用共用部位、共用设施设备进行商业经营的，其利用决策权和收益权归全体业主享有。所谓商业利用，主要有在楼顶上设立发射塔、移动通信的基站，利用外墙发布广告，将共用部位出租，将楼顶楼道或平台让与相邻业主使用搭建等，只有全体业主有权利用或允许他人利用。但是，考虑到商业利用对相关业主的生活可能造成影响，比如，妨碍了有关住户的采光、通风等，所以，要征得有关住户的同意。同时，由于共用部位的商业利用，可能影响到物业服务企业的管理服务，本条要求商业利用应当获得相关业主、业主大会、物业服务企业的同意，任何一方都不得擅自决定进行商业经营。对法律规定需要签订书面合同或办理登记过户手续的，比如，租赁合同的签订、地役权的设定等，并且要签订合同和办理相应的登记过户手续。

应用

64. 利用共用部位、共用设施设备进行商业经营所获得的利益归谁所有，如何利用?

商业化经营所获得的利益，当然应归全体业主享有，就如专项维修资金属于全体业主所有一样。尽管商业经营的开展要征得相关业主、物业管理部门的同意，但是，后两者并不是收益的所有人。

为了保障物业的正常维护，经营所得的收益应当首先主要用于补充专项维修资金的不足。如果业主大会作出了其他的决定，也可以按照业主大会的决定使用。《物业管理条例》第54条的规定，显示了法规的灵活性。即法律一方面鼓励用于补充维修资金，在没有业主大会其他使用决定的情况下，当然归于维修养护基金。另一方面，又尊重了业主大会的决策权，同时又把这种决策权限制于业主大会，而排除了业主委员会，因为资金的变更使用属于重大事项，必须由业主大会决定。

65. 在小区内发布广告由谁决定? 其收益归谁?

根据《住宅专项维修资金管理办法》第3条的规定，小区的电梯间、公共走廊、外墙、屋顶、小区广场等，属于业主房屋的共有部位，是被业主分摊的建筑面积，其所有权归广大业主共同所有。经得工商、市容等部门批准，在小区的共有部位发布广告，关键看谁是所有权人，谁就有权决定。对此，有这样两种情况：(1) 小区住房还未出售50%时，因为开发商是拥有

50%以上产权的大业主，这个决定权在开发商；（2）小区住房售出50%以上时，应由小区内业主组成的业主委员会作出决定，并委托物业服务企业具体操作。由于广告的使用收益属于小区全体业主共同财产产生的收益，应当属于小区全体业主共同所有，其他任何人不能多占、独占。根据《物业管理条例》第54条的规定，不论物业公司还是开发商都无权无偿使用这些共有部位，业主们可以要求物业公司将收得的广告费归还，当然，将收益按份额分配给业主较为困难，所以，在实践中可以将此收益纳入物业维修基金或是用于为共有人开展的公益服务。

66. 物业服务企业在没有经过业主委员会同意的前提下，能否将物业的共用设施出租？

物业的共用部分和共用设施具有配套服务于整个物业的功能，不具有独立性，它只能随专用部位出售给业主，因而形成业主共有共用。在业主购买房屋后，物业所有的共用部位就与共用设施随房屋售给各个业主，由全体业主共同所有。按照《物业管理条例》第54条的规定，在不影响共用部分和共用设施发挥正常功能的前提下，可以用于商业经营活动来获得收益，但须经过业主、业主委员会或者是物业服务企业的同意。至于要经过何者的同意，则要看具体的行为主体。因为物业的共用部位、共用设施不属于单个业主所有，而是全体业主共有，因此，其利用决策权和收益权应当归属于全体业主。但是，对于共用部位、共用设施的商业利用也有可能关系到部分业主的利益，即相关业主，因此要经过相关业主的同意。物业服务企业的职责是实施物业管理，也就当然有权决定是否将这些部位、设施进行商业使用。

《物业管理条例》对物业共用部位、共用设施设备的所有权、使用权，以及对其使用情况享有知情权和监督权的主体作出了明确的规定。物业服务企业没有经过业主委员会的同意就将小区的共用设施擅自出租侵害了业主的利益，物业服务企业应当返还该部分收益于业主，用于补充专项维修资金，也可以按照业主大会的决定使用。

配套

《物业服务收费管理办法》第18条；《住宅专项维修资金管理办法》第3条；《最高人民法院关于审理建筑物区分所有权纠纷案件适用法律若干问题的解释》第14条

第五十五条　【责任人的维修养护义务】物业存在安全隐患，危及公共利益及他人合法权益时，责任人应当及时维修养护，有关业主应当给予配合。

责任人不履行维修养护义务的，经业主大会同意，可以由物业服务企业维修养护，费用由责任人承担。

注解

这里的责任人，主要是指房屋的产权人或者按照合同约定承担相关部位维修责任的单位和个人，还包括由于历史原因等特殊原因形成的房屋的实际使用者或者维修责任的承担者。该条把责任人与物业服务企业相并列，强调责任人不履行维修养护义务的，经业主大会同意，可以由物业服务企业维修养护。所以，该条的责任人，就不包括承担维修养护义务的物业服务企业本身。

应用

67.“责任人”主要包括哪些情况?

一种是业主的专有部分存在安全隐患、危及公共利益和他人安全的责任人，比如，阳台玻璃的安装不够牢固等。这部分的责任人是物业专有人，物业专有人对自己专有的部分，有义务维持其正常的安全状态。如果物业存在着安全隐患，对公共利益和他人的合法利益造成危险的，区分所有人应该及时地维修养护。这种义务来源于所有权的行使本身，所有权人有权利在符合法律规定的范围内自由地使用自己的财产，但是，也有义务尊重他人的人身财产安全，确保物业的正常安全状态，如果物业存在着安全隐患，业主就有义务及时加以维修养护。另外，如果第三人造成了业主专有部分的损害，那么，在对外关系上，物业专有人仍然是责任人，因为，其他业主很难知晓到底谁是具体的侵权人，也就无法行使相应的权利，它只能以物业专有人为责任人，要求其承担维修养护的义务。当然，物业专有人在承担责任之后，可以再向具体的侵权人追偿。这种责任具有依附于物业的性质，在业主将物业转让给第三人的时候，相关的责任也就由受让的第三人来承担。受让人因此遭受的损害只能由其再向出让人追偿。

另一种是对共有部分消除危险的责任。它也可以分为两种情况：(1) 侵权责任人，对因自己的侵权行为造成物业危险的，比如，侵权人在对共有部分施工过程中，擅自破坏承重墙，破坏管道线路等，给他人或公共利益带来了危险或妨碍，作为业主代表的业主委员会有权要求侵权责任人恢复原状、消除危险、排除妨碍。(2) 如果业主大会或业主委员会将某一项维修养护工作承包给物业服务企业以外的企业或个人，那么，该承包的企业或个人也是维修养护义务的责任人。在维修养护的过程中，如果需要利用相邻关系人的通道、阳台等，根据相邻关系法理，相邻人有提供必要的方便，予以协助配合的义务。

68. 对于装修不当造成的房屋漏水应当由责任人还是物业服务企业承担责任?

在实践中，房屋的不当使用会造成房屋存在隐患。影响房屋使用安全的因素很多，而由于房屋装饰装修造成的隐患或者损害较多，也往往容易引发争议。如果房屋存在安全隐患、危及公共利益及他人合法权益时，责任人应当及时维修养护。同时，考虑到相关责任人无法或者不愿履行维修养护义务的特殊情形，《物业管理条例》第 55 条第 2 款规定："在责任人不履行维修养护义务的时候，经业主大会同意，可以由物业服务企业维修养护，费用由责任人承担。"

房屋漏水是由于业主在装修时的不当施工造成的，因此，该业主应当承担该损害责任，即该业主是此安全隐患的责任人，应当对于其行为承担维修责任。在业主不承担维修责任的情况下，可以请求物业服务企业进行维修，但须经过业主大会同意，由此产生的维修费用应当由责任人承担。并且，在物业进行维修的时候，责任人有配合物业维修的义务，即允许物业从其房屋内进行维修，由此而造成的地板等装修的必要损失由责任人自己承担。

对于物业服务企业而言，其对业主室内装修的质量问题并不承担法律责任。因为，室内装修是业主自主进行的，物业服务企业无权干涉。作为物业服务企业，其义务就是告知业主在装修过程中不得有改变房屋结构等禁止行为，并对禁止的行为予以制止。至于装修的质量问题，物业服务企业不予以监管，也不承担责任。但是物业服务企业在业主申报装修时必须履行告知其不得改变房屋结构的义务。

第六章　法律责任

第五十六条　【建设单位违法选聘物业服务企业的责任】违反本条例的规定，住宅物业的建设单位未通过招投标的方式选聘物业服务企业或者未经批准，擅自采用协议方式选聘物业服务企业的，由县级以上地方人民政府房地产行政主管部门责令限期改正，给予警告，可以并处10万元以下的罚款。

注解

为了保护业主的合法权益，避免在业主、业主大会聘用新的物业服务企业之前，在物业前期服务过程中，建设单位和物业服务企业相互勾结，侵害业主合法权益的情况发生，针对目前建设单位私自选聘物业服务企业，导致所选聘的物业服务企业素质差，造成业主和物业服务企业之间纠纷不断的现状，本条例规定，国家提倡建设单位按照房地产开发与物业管理相分离的原则，通过招投标的方式选聘物业服务企业。住宅物业的建设单位，应当通过招投标方式选聘物业服务企业；投标人少于3个或住宅规模较小的，经物业所在地的区、县人民政府房地产行政主管部门批准，可以采用协议方式选聘物业服务企业。本条就是从法律责任的角度确保了本条例第24条的落实。

应用

69. 建设单位违法选聘物业服务企业的责任有哪些?

《物业管理条例》第56条涉及的责任有：(1) 责令限期改正，规定在一定的时间内，纠正错误做法，包括恢复招投标，预先申请批准。(2) 给予警告，警告是对违法者予以告诫和谴责，申明其行为已经构成违法，要求其以后不再重犯，这是针对违法者声誉的一种处罚。(3) 罚款，强制违法者在一定期限内向国家交纳一定数量货币而使其遭受一定经济利益损失的处罚形式。该条规定的罚款数额是10万元以下，并且可以和责令限期改正、警告并用。

70. 涉及违法选聘的物业服务合同的效力如何? 由此造成的损失由谁负责赔偿?

正如《物业管理条例》第26条规定的，即使前期物业服务合同约定了期限，但是，只要业主委员会与物业服务企业签订的物业服务合同生效，前期物业服务合同即终止。如果业主对前期物业服务企业的管理服务不满，可以通过及时地与其他物业服务企业签订合同的方法，而自然地终止前期物业服务合同。当然，如果前期物业服务企业在管理过程中有未尽善良管理人义务，造成了业主损失的情况，业主及业主委员会有权要求赔偿损失。

第五十七条　【建设单位擅自处分共用部位的责任】违反本条例的规定，建设单位擅自处分属于业主的物业共用部位、共用设施设备的所有权或者使用权的，由县级以上地方人民政府房地产行政主管部门处5万元以上20万元以下的罚款；给业主造成损失的，依法承担赔偿责任。

注解

本条是建设单位擅自处分业主享有的物业管理区域内共用部位、共用设施设备的所有权或者使用权时所应承担的法律责任，这里的法律责任既包括行政责任也包括民事责任。

《物业管理条例》第27条规定："业主依法享有的物业共用部位、共用设施设备的所有权或者使用权，建设单位不得擅自处分。"转让业主依法享有的物业共用部位、共用设施设备，是一种严重的民事侵权行为。在物业管理领域，由于涉及物业管理区域内的众多业主，建设单位擅自处分业主拥有所有权或者使用权的共用部位、共用设施设备，已经侵犯了公共利益，构成了对行政管理秩序的破坏，所以应当给予行政处罚。

要明确的是，民事责任和行政责任并不互相排斥，行政责任是对国家承担的责任，带有惩罚性质；而赔偿的民事责任是对受侵害业主的责任，不具惩罚性，一般只有补偿性，目的是使业主的利益恢复到侵害未发生之前的状态。所以，行政责任的承担不影响民事责任，反之亦然。

应用

71. 什么是擅自处分？

擅自处分，是指建设单位在没有征得权利人同意的前提下，行使本应当由权利人行使的权利，包括转让、出租、抵押、赠与等各种情况，其共同特点是对财产权利的侵犯。具体而言，是对业主依法享有的关于物业共用部位、共用设施设备的所有权或者使用权，建设单位进行了擅自处分。处分既包括法律上处分，也包括事实上处分。法律上处分如转让所有权、设定用益物权或担保物权、出租等，事实上处分包括拆毁等。处分的对象是物业共用部位、共用设施设备的所有权、使用权等。

配套

《最高人民法院关于审理建筑物区分所有权纠纷案件适用法律若干问题的解释》第 14 条

第五十八条　【拒不移交资料的行政责任】 违反本条例的规定，不移交有关资料的，由县级以上地方人民政府房地产行政主管部门责令限期改正；逾期仍不移交有关资料的，对建设单位、物业服务企业予以通报，处 1 万元以上 10 万元以下的罚款。

注解

房屋的建设资料对于物业管理来讲具有重要的意义。有关物业的资料是物业使用和维护所必需的基础资料，这些资料和相关的物业应当是一体的，其所有权应当属于全体业主。在业主大会成立以前，前期物业服务企业承担着物业管理区域的维修和养护责任，因此，建设单位应当将有关资料先移交给物业服务企业，由其代管。前期物业服务合同终止后，前期物业服务企业应当将这些资料移交业主委员会，业主委员会在业主大会选聘新的物业服务企业后，需要向新的物业服务企业提供这些资料，以便于其提供服务。《物业管理条例》第 29、36、38 条规定了在办理物业承接验收手续时，建设单位应当向物业服务企业移交有关物业的资料的义务，物业服务企业应当在前期物业服务合同、物业服务合同终止时将这些资料移交给业主委员会。

在建设单位、物业服务企业、业主之间由于物业管理问题发生纠纷，更换物业服务主体时，常常出现掌握资料的一方拒不将资料移交给另一方的情况。由于这些资料是开展物业管理、对物业进行维修养护所必需的，如果掌握资料的一方拒不移交，将会给对方的工作造成许多障碍，所以，本条例特别规定了拒不移交的行政责任。

应用

72. 承担本条规定的行政责任的主体有哪些？具体包括哪些违法行为？

承担行政责任的主体是负有资料移交义务的建设单位、物业服务企业以及业主委员会。其违法行为是拒不移交有关资料，即义务主体拒不移交竣工总平面图，单体建筑、结构、设备竣工图，配套设施、地下管网工程竣工图验收资料，设施设备的安装、使用和维护保养等技术资料，物业质量保修文件和物业使用说明文件等材料。

73. 违反移交资料义务的行政处罚措施有哪些？

违反该义务的行政处罚措施主要有：通报和罚款。要注意的是，通报和罚款不适用于业主委员会。原因在于，即使根据《物业管理条例》第38条的规定，业主委员会虽然有义务向承接物业的物业服务企业移交竣工总平面图，单体建筑、结构、设备竣工图，配套设施、地下管网工程竣工图验收资料，但是，如果业主委员会在签订物业服务合同后不履行，拒不交纳资料，物业服务企业也只能依照民法典合同编的规定追究业主委员会的合同责任。由于物业服务企业的自身利益不涉及公共利益，因此对其利益的侵害不是对于公共利益的侵害，因此，不能设定行政责任，而只能以民事责任的方式对物业服务企业进行救济。

74. 本条规定中的侵权人应否承担民事责任？

根据《物业管理条例》第58条及《民法典》的有关规定，建设单位损害赔偿的民事责任的构成要件是：首先，侵权责任人的行为具有过错和违法性，即建设单位未经同意授权，擅自处分他人所共有的物业共用部位、共用设施设备的所有权或者使用权。其次，侵权人的侵权行为造成了业主的损失，包括直接损失和间接损失。前者指的是由于侵权人的处分行为导致的物业自身价值的减少。后者是指由于侵权行为而导致的物业业主无法使用、收益而遭受的可得利益损失。最后，损失和侵权人的侵权行为之间具有因果关系，正是由于侵权人的无权处分，导致了损失的发生。在具备了以上条件后，建设单位应承担相应的赔偿责任。

第五十九条　【违反委托管理限制的责任】违反本条例的规定，物业服务企业将一个物业管理区域内的全部物业管理一并委托给他人的，由县级以上地方人民政府房地产行政主管部门责令限期改正，处委托合同价款30%以上50%以下的罚款。委托所得收益，用于物业管理区域内物业共用部位、共用设施设备的维修、养护，剩余部分按照业主大会的决定使用；给业主造成损失的，依法承担赔偿责任。

注解

本条规定的违法行为，是指物业服务企业将一个物业管理区域内的全部物业管理一并委托给他人。物业服务企业将一个物业管理区域内的全部物业管理一并委托给他人的，属于实施了擅自作为行为，应受到县级以上地方人民政府房地产行政主管部门的处罚：首先应当由行政机关责令其停止违法行为，将委托出去的物业服务业务收回，同时必须依法给予其罚款的行政处罚。另外如果给业主造成损失的，还要承担民事责任。

本条从保护业主利益的角度出发，规定物业服务企业因违法委托行为所得的收益，应用于物业管理区域内物业共用部位、共用设施设备的维修、养护，剩余部分按照业主大会的决定使用。也就是说，委托所得收益，不能由国家全部没收，在缴纳罚款后剩余部分应当为业主服务。此处所指的物业服务企业因违法委托行为所得的收益，是指本不属于业主所有，而由于物业服务企业违法委托而属于物业服务企业本身所有的收益的部分。

第六十条　【挪用专项维修资金的责任】 违反本条例的规定，挪用专项维修资金的，由县级以上地方人民政府房地产行政主管部门追回挪用的专项维修资金，给予警告，没收违法所得，可以并处挪用数额2倍以下的罚款；构成犯罪的，依法追究直接负责的主管人员和其他直接责任人员的刑事责任。

注解

专项维修资金的设立是为了对住房专项维修资金进行更好的管理，保障住房的维修和正常使用，维护住房专项维修资金所有者的合法权益。根据本条例第53条的规定，专项维修资金属于业主所有，专项用于物业保修期满后物业共用部位、共用设施设备的维修和更新、改造，不得挪作他用。因此，业主缴存的住房专项维修资金属于业主所有，并且，房屋的专项维修资金只能用于特定的用途，即房屋的维护和保养，挪用专项维修资金不仅侵犯了业主的权利，还破坏了行政管理秩序，所以本条规定了行政处罚，对于情节严重构成犯罪的，要追究其刑事责任。

应用

75. 挪用专项维修资金有哪些主体?

从主体的不同来分，挪用专项维修资金有两种情况：一种是物业服务企业挪用，这是挪用行为的主要主体。物业服务企业具体负责物业管理区域内的维修和养护，实际使用专项维修资金的也是物业服务企业，因此，物业服务企业最有可能成为挪用专项维修资金的主体。另一种是个别业主挪用，这也是在实践中可能出现的一种挪用主体。维修资金归业主所有，这种所有是共同所有而不是个别业主所有，但在实践中总是由特定的业主负责管理维修资金，因此，个别业主也可能成为挪用专项维修资金的主体。而无论是哪一种主体挪用了专项维修资金，都应当按照本条的规定给予处罚。但是对于物业服务企业的处罚更重一些。

76. 在发生挪用行为以后，具体的处罚措施有哪些?

具体的处罚措施包括：警告，是对违法者予以告诫和谴责，申明其行为已经构成违法，要求其以后不再重犯，这是针对违法者声誉的一种处罚；没收违法所得，即没收通过挪用专项维修资金所得的收益；罚款，即对于违法者实施一定的财产上的制裁措施，行政机关可以根据情况决定并处挪用资金2倍以下的罚款。而是否给予罚款要考虑违法者违法行为的性质、违法行为的主体等。

77. 挪用专项维修资金的行为会承担刑事法律责任吗?

刑事责任，是指行为人的违法行为已构成触犯刑事法律的犯罪，而依法必须承担的刑法上不利的法律后果。它是制裁最为严厉的法律责任。承担刑事责任的方式是刑事处罚，即刑罚。刑罚是国家审判机关根据刑法，对犯罪分子所适用的限制或者剥夺其某种权益的强制性制裁措施。本条还有关于刑事法律责任的规定。因为挪用专项维修资金的行为可能触犯刑法的有关规定，根据罪刑法定原则，凡是符合刑法规定的犯罪构成要件的，应当按照刑法的有关规定追究相应的刑事责任。这里有可能涉及的罪名是《刑法》第272条规定的挪用资金罪、第384条规定的挪用公款罪。

配套

《刑法》第272、384条

第六十一条　【建设单位不配置物业管理用房的责任】违反本条例的规定，建设单位在物业管理区域内不按照规定配置必要的物业管理用房的，由县级以上地方人民政府房地产行政主管部门责令限期改正，给予警告，没收违法所得，并处10万元以上50万元以下的罚款。

注解

物业服务企业是小区维护和管理的核心，而物业管理用房又是这个核心运作的场地所在，是对物业小区进行管理的必要设施。在物业管理区域内配置必要的物业管理用房是物业服务企业正常发挥物业管理职能的重要条件，是物业管理工作正常进行的前提，例如，办公设施、物品的存放等都是与一定的住房联系在一起的。没有相应的物业管理用房，物业服务企业将难以完成物业服务合同。由于住宅设施是在施工以前就已经规划好的，在房屋建成以后，很难对于居住区域的相应设施进行改造、重建。因此，物业管理只有与开发建设联系起来，才能更好地完善，这就要求建设单位在开发建设的时候应当为物业管理工作考虑，预先规划必要的物业管理用房，物业管理用房应当在建设时与住宅一同建设。相应地，其建设义务是由建设单位来承担的，因为此时还没有产生物业服务企业。对此，本条例第30条规定，建设单位应当按照规定在物业管理区域内配置必要的物业管理用房。对于不能实现该义务的建设单位，即不按照规定配置必要物业管理用房，势必影响到物业管理工作的开展，损害物业管理区域内全体业主的合法权益的，应当承担相应的法律责任。因此，应当对于建设单位在物业管理区域内不按照规定配置必要的物业管理用房的行为进行处罚。

第六十二条　【擅自改变物业管理用房的用途的责任】违反本条例的规定，未经业主大会同意，物业服务企业擅自改变物业管理用房的用途的，由县级以上地方人民政府房地产行政主管部门责令限期改正，给予警告，并处1万元以上10万元以下的罚款；有收益的，所得收益用于物业管理区域内物业共用部位、共用设施设备的维修、养护，剩余部分按照业主大会的决定使用。

注解

由于物业管理用房对于业主的利益重大，因此，不仅建设单位要合理地设置物业管理用房，而且作为物业管理用房的使用单位——物业服务企业也要合理地使用物业管理用房，以便正常地履行物业管理合同。根据《物业管理条例》第37条的规定，物业管理用房的所有权依法属于业主。未经业主大会同意，物业服务企业不得改变物业管理用房的用途。物业管理用房是归业主所有，提供给物业服务企业专门用于物业管理使用的，擅自改变物业管理用房的性质，侵犯了业主的财产权利，同时也势必会影响到物业管理的质量，应当给予处罚。因此，《物业管理条例》规定了物业服务企业擅自改变物业管理用房用途的法律责任。

这里所说的改变物业管理用房用途，是指将物业管理用房用作与物业管理无关的用途，和一般的房屋用途的改变并不一样，物业服务企业仍然将物业管理用房用作物业管理之用，而对房屋的具体用途加以改变的，并不构成本条所指的违法行为。

该条所规定的违法行为是物业服务企业未经业主大会同意而擅自改变物业管理用房的用途，其违法的主体是物业服务企业，而不是建设单位，这里要注意与《物业管理条例》第62条相区分。物业管理用房归业主所有，专门用于物业管理，如果物业服务企业确需改变物业管理用房的用途，法律并没有绝对地禁止，但是要向业主大会提出，业主大会经过一定的程序决定后可以改变，这是业主行使财产权利的一种形式，除此之外，无论业主或者物业服务企业都不能随意改变物业管理用房的用途。

应用

78. 物业服务企业未经业主大会同意，擅自将物业管理用房出租应当承担何种责任?

物业管理用房是指房地产开发建设中按照有关规定建设的，由开发建设单位以建造成本价一并转让给购房业主，用作物业管理办公、工作人员值班以及存放工具材料的用房。根据《物业管理条例》第37条的规定，物业管理用房的所有权依法属于业主。未经业主大会同意，物业服务企业不得改变物业管理用房的用途，更不能私自将物业管理用房卖给他人。实践中，业主总觉得买房就是买下房门内的部分，实际不然，小区内的共用设施、物业管理用房等财产的所有权也由业主们共有。《物业管理条例》第30、62条还规定，建设单位应当按照规定在物业管理区域内配置必要的物业管理用房，并且规定了建设单位在物业管理区域内不按照规定配置必要的物业管理用房的法律责任。可见物业管理用房对于物业管理的重要意义。

物业管理公司在将小区的物业管理用房出租时，没有经过业主大会的同意。因此，侵害了业主对于物业管理用房的所有权。在此种情况下，物业公司要承担相应的民事责任，即与承租人解除合同，恢复物业管理用房的本来用途。为了更好地维护业主的利益，制裁物业服务企业的违法行为，根据《物业管理条例》第63条规定，对于未经业主大会同意，物业服务企业擅自改变物业管理用房的用途的，由县级以上地方人民政府房地产行政主管部门责令限期改正，给予警告，并处1万元以上10万元以下的罚款，因此，该物业公司要承担相应的行政责任。另外，对于租金，即出租房屋取得的收益，应当用于物业管理区域内物业共用部位、共用设施设备的维修、养护，剩余部分按照业主大会的决定使用。

第六十三条　【擅自行为的责任】违反本条例的规定，有下列行为之一的，由县级以上地方人民政府房地产行政主管部门责令限期改正，给予警告，并按照本条第二款的规定处以罚款；所得收益，用于物业管理区域内物业共用部位、共用设施设备的维修、养护，剩余部分按照业主大会的决定使用：

（一）擅自改变物业管理区域内按照规划建设的公共建筑和共用设施用途的；

（二）擅自占用、挖掘物业管理区域内道路、场地，损害业主共同利益的；

（三）擅自利用物业共用部位、共用设施设备进行经营的。

个人有前款规定行为之一的，处1000元以上1万元以下的罚款；单位有前款规定行为之一的，处5万元以上20万元以下的罚款。

注解

本条例第49、50、54条规定了物业管理区域内公共建筑和共用设施、道路和场地等以及利用物业共用部位、共用设施设备进行经营的使用规则。违反这些规定，无论违法行为的主体是物业服务企业或者是业主，侵害的都是全体业主的共同利益。因此，该条规定的法律责任不仅是物业服务企业应当承担的行政责任，而且对于业主而言，也要承担相应的行政责任。如果对于物业服务企业及业主以外的人存在这些行为的话，只能按照一般法的规定进行处理，而不适用本条例，因为其并没有赋予这些人以法律义务，当然也就不存在法律责任。至于这些人承担何种责任，则要看其具体行为的违法性，轻者可能是民事责任，重者可能是刑事责任。本条中违法行为的主体可能是多方面的，既可能是业主，也可能是物业服务企业，他们共同的特点是侵害了物业管理区域内的共同利益。只要违反了本条的规定，行政机关都应当责令限期改正、给予警告，并给予一定数额的罚款。

配套

《最高人民法院关于审理建筑物区分所有权纠纷案件适用法律若干问题的解释》第14条

第六十四条　【逾期不交纳物业服务费的责任】违反物业服务合同约定，业主逾期不交纳物业服务费用的，业主委员会应当督促其限期交纳；逾期仍不交纳的，物业服务企业可以向人民法院起诉。

注解

该条规定的违法行为是指业主逾期不交纳物业服务费，违法主体是业主。业主的这种行为对于物业服务企业而言，业主享受了服务而不交纳服务费，是一种违约行为。与此同时，对于物业管理区域内其他业主而言，由于不交纳物业费的业主的这种违法行为将有可能损害其他业主的利益，也即实际上侵害了按时交费的业主的权益，是对业主共同利益的侵犯，所以业主逾期不交纳物业服务费用的，由业主委员会代表全体业主督促其限期交纳，体现了业主的自我管理、自我监督。对于仍不交纳的，按照《民事诉讼法》的有关规定，物业服务企业可以向人民法院提起诉讼，追究其违约责任，强制其交纳。

应用

79. 物业管理费纠纷有哪些解决方式？

对于物业费的催交，《物业管理条例》虽然规定了物业服务企业起诉业主的权利，但是这里用的是“可以向人民法院提起诉讼”，可见法律并没有排除其他解决纠纷的途径。诉讼作为最后的救济手段有自身的特点，既以国家的强制力进行保障，但是也有费时费力的缺点，因此，除此之外，当事人还可以选择其他救济途径。

根据我国有关法律法规的规定，对于物业服务费纠纷，可以采取除诉讼外以下几种方式进行解决：(1) 当事人双方协商解决。由物业服务企业和业主双方在自愿、平等、互谅互让的基础上就物业服务费进行协商，以解决双方之间的争议。由于这种协商解决的方式体现了当事人意思自治的原则，有利于化解纠纷、平息争议，最大程度地避免双方的经济损失，维护双方的社会声誉，因此这种方式对于双方来说都是最有利的，一旦发生物业服务费纠纷，双方应尽量通过协商的方式妥善解决。(2) 由物业管理协会或者其他第三方调解解决。随着物业管理协会组织建设的不断完善，其在物业管理行业中的地位和作用也在不断加强，物业服务费纠纷发生后，当事人可以在自愿的基础上请求物业管理协会进行调解，双方在物业管理协会代表的主持下解决各项争议并形成书面协议。此外，发生纠纷后，当事人也可以请求其他中立第三方进行调解。(3) 提交仲裁委员会裁决。如果当事人双方在物业服务合同中明确约定发生争议提交仲裁委员会仲裁解决，或者在发生纠纷后双方达成仲裁协议的，任何一方当事人都可以将争议事项提交约定的仲裁委员会，由仲裁委员会作出具有法律约束力的裁决。由于仲裁委员会处于严格的中立地位，其作出的裁决具有很强的社会公信力，并且仲裁是当事人自愿作出的选择，有利于消除当事人之间的矛盾。但是我国实行“或裁或审”的原则，当事人一旦选择通过仲裁方式解决纠纷，就不得再向人民法院提起诉讼，因此在选择仲裁之前，双方当事人都应作充分考虑。

第六十五条　【业主以业主大会或者业主委员会的名义从事违法活动的责任】业主以业主大会或者业主委员会的名义，从事违反法律、法规的活动，构成犯罪的，依法追究刑事责任；尚不构成犯罪的，依法给予治安管理处罚。

注解

业主大会应当代表和维护物业管理区域内全体业主在物业管理活动中的合法权益。业主大会、业主委员会应当依法履行职责，不得作出与物业管理无关的决定，不得从事与物业管理无关的活动。实践中存在着一些业主利用业主大会或者业主委员会的名义，从事与物业管理无关的活动，甚至从事违反法律、法规的活动，如聚众闹事、斗殴，从事封建迷信活动，甚至可能走向有组织犯罪等。虽然这些活动是以业主大会或者业主委员会的名义做出的，但是由于其与物业管理无关，并不能视为业主大会或者业主委员会的行为，其法律后果，应当由利用业主大会或者业主委员会的名义从事违法活动的业主承担。业主的行为违反刑法规定，构成犯罪的，应当追究刑事责任。

应用

80. 业主违法行为的性质严重，触犯了刑法的，应如何处理?

如果业主违法行为的性质严重，触犯了刑法的，应当依照《刑法》追究刑事责任。这里涉及的刑法罪名主要有：防火、决水、爆炸、投毒或者以其他危险方法危害公共安全罪；破坏电力、易燃易爆设备罪；消防责任事故罪；聚众扰乱公共场所秩序罪；故意毁坏财物罪；妨害公务罪等。

81. 如果业主违法情节较为严重，但尚不构成犯罪的，应如何处理?

如果业主违法情节较为严重，但尚不构成犯罪的，物业自治管理组织可以向物业管理主管部门或其他主管部门反映，如城建监察、城市绿化、环境保护、交通、治安、供水、供电、供气等部门。由各主管部门对其进行查处，各主管部门自己发现的也可以主动查处，按照相关行政法律法规或规章的规定给予违法业主以行政处罚。如果业主拒绝、妨碍国家工作人员依法执行职务，但未使用暴力、威胁方法的，按照《治安管理处罚法》的规定处罚。

82. 业主的哪些行政违法行为需要承担行政法律责任?

业主因行政违法行为而承担行政法律责任，主要包括两种行为。一是擅自作为行为，指违反物业管理法规的禁为义务规范而擅自做出的行为。如业主在使用房屋过程中，擅自改变房屋结构、外貌和用途等。二是不履行法定应为义务的行为，指违反物业管理法规的作为义务规范不做出法规所要求的行为。

配 套

《刑法》第114、115、118、119、130、139、191、275、277、388条；《治安管理处罚法》第23条

第六十六条 【公务人员违法行为的责任】 违反本条例的规定，国务院建设行政主管部门、县级以上地方人民政府房地产行政主管部门或者其他有关行政管理部门的工作人员利用职务上的便利，收受他人财物或者其他好处，不依法履行监督管理职责，或者发现违法行为不予查处，构成犯罪的，依法追究刑事责任；尚不构成犯罪的，依法给予行政处分。

应 用

83. 某小区业主就该小区开发商某房地产开发公司和进行物业管理的某物业公司未按有关规定向业主委员会移交物业管理资料，以及某物业公司无资质进行物业管理活动等问题，先后向该小区所在地的区房管局进行投诉，要求该区房管局对上述问题进行调查处理。对于该问题，该区房管局一直未予答复处理。房管局对于其行政不作为行为是否应当承担责任?

根据《物业管理条例》第5条的规定，县级以上地方人民政府房地产行政主管部门负责本行政区域内物业管理活动的监督管理工作。其职责主要在于及时处理业主、业主委员会、物业使用人和物业服务企业在物业管理活动中的投诉。该区房管局作为该区房产行政主管部门，负有对本行政区域内物业管理活动进行监督管理和及时处理物业管理投诉的法定职责。因此，该区房管局应当依法行使监督管理职责。

《物业管理条例》第58条规定："违反本条例的规定，不移交有关资料的，由县级以上地方人民政府房地产行政主管部门责令限期改正；逾期仍不移交有关资料的，对建设单位、物业服务企业予以通报，处1万元以上10万元以下的罚款。"根据上述规定，该区房管局对业主投诉的两公司未按有

关规定向业主委员会移交物业管理资料的投诉，既有调查处理权，也有行政处罚权。然而，该区房管局在接到投诉后，置之不理。既没有对两公司是否按物业管理的相关规定移交资料进行调查处理，也没有对两公司给予行政处罚，作出明确的认定和处理结果，并将查处结果及时告知投诉人，因此，属于不完全履行监督管理职责。

配套

《刑法》第 397 条

第七章　附　　则

第六十七条　【施行时间】本条例自 2003 年 9 月 1 日起施行。

配套法规

中华人民共和国民法典（节录）

（2020年5月28日第十三届全国人民代表大会第三次会议通过　2020年5月28日中华人民共和国主席令第45号公布　自2021年1月1日起施行）

……

第四条　【平等原则】民事主体在民事活动中的法律地位一律平等。

第五条　【自愿原则】民事主体从事民事活动，应当遵循自愿原则，按照自己的意思设立、变更、终止民事法律关系。

第六条　【公平原则】民事主体从事民事活动，应当遵循公平原则，合理确定各方的权利和义务。

第七条　【诚信原则】民事主体从事民事活动，应当遵循诚信原则，秉持诚实，恪守承诺。

第八条　【守法与公序良俗原则】民事主体从事民事活动，不得违反法律，不得违背公序良俗。

……

第二编　物　权

……

第六章　业主的建筑物区分所有权

第二百七十一条　【建筑物区分所有权】业主对建筑物内的住宅、经营性用房等专有部分享有所有权，对专有部分以外的共有部分享有共有和共同管理的权利。

第二百七十二条　【业主对专有部分的专有权】业主对其建筑物专有部分享有占有、使用、收益和处分的权利。业主行使权利不得危及建筑物的安全，不得损害其他业主的合法权益。

第二百七十三条　【业主对共有部分的共有权及义务】业主对建筑物专有部分以外的共有部分，享有权利，承担义务；不得以放弃权利为由不履行义务。

业主转让建筑物内的住宅、经营性用房，其对共有部分享有的共有和共同管理的权利一并转让。

第二百七十四条　【建筑区划内的道路、绿地等场所和设施属于业主共有财产】建筑区划内的道路，属于业主共有，但是属于城镇公共道路的除外。建筑区划内的绿地，属于业主共有，但是属于城镇公共绿地或者明示属于个人的除外。建筑区划内的其他公共场所、公用设施和物业服务用房，属于业主共有。

第二百七十五条　【车位、车库的归属规则】建筑区划内，规划用于停放汽车的车位、车库的归属，由当事人通过出售、附赠或者出租等方式约定。

占用业主共有的道路或者其他场地用于停放汽车的车位，属于业主共有。

第二百七十六条　【车位、车库优先满足业主需求】建筑区划内，规划用于停放汽车的车位、车库应当首先满足业主的需要。

第二百七十七条　【设立业主大会和选举业主委员会】业主可以设立业主大会，选举业主委员会。业主大会、业主委员会成立的具体条件和程序，依照法律、法规的规定。

地方人民政府有关部门、居民委员会应当对设立业主大会和选举业主委员会给予指导和协助。

第二百七十八条　【由业主共同决定的事项以及表决规则】下列事项由业主共同决定：

（一）制定和修改业主大会议事规则；

（二）制定和修改管理规约；

（三）选举业主委员会或者更换业主委员会成员；

（四）选聘和解聘物业服务企业或者其他管理人；

（五）使用建筑物及其附属设施的维修资金；

（六）筹集建筑物及其附属设施的维修资金；

（七）改建、重建建筑物及其附属设施；

（八）改变共有部分的用途或者利用共有部分从事经营活动；

（九）有关共有和共同管理权利的其他重大事项。

业主共同决定事项，应当由专有部分面积占比三分之二以上的业主且人数占比三分之二以上的业主参与表决。决定前款第六项至第八项规定的事项，应当经参与表决专有部分面积四分之三以上的业主且参与表决人数四分之三以上的业主同意。决定前款其他事项，应当经参与表决专有部分面积过半数的业主且参与表决人数过半数的业主同意。

第二百七十九条　【业主将住宅转变为经营性用房应当遵循的规则】业主不得违反法律、法规以及管理规约，将住宅改变为经营性用房。业主将住宅改变为经营性用房的，除遵守法律、法规以及管理规约外，应当经有利害关系的业主一致同意。

第二百八十条　【业主大会、业主委员会决定的效力】业主大会或者业主委员会的决定，对业主具有法律约束力。

业主大会或者业主委员会作出的决定侵害业主合法权益的，受侵害的业主可以请求人民法院予以撤销。

第二百八十一条　【建筑物及其附属设施维修资金的归属和处分】建筑物及其附属设施的维修资金，属于业主共有。经业主共同决定，可以用于电梯、屋顶、外墙、无障碍设施等共有部分的维修、更新和改造。建筑物及其附属设施的维修资金的筹集、使用情况应当定期公布。

紧急情况下需要维修建筑物及其附属设施的，业主大会或者业主委员会可以依法申请使用建筑物及其附属设施的维修资金。

第二百八十二条　【业主共有部分产生收入的归属】建设单位、物业服务企业或者其他管理人等利用业主的共有部分产生的收入，在扣除合理成本之后，属于业主共有。

第二百八十三条　【建筑物及其附属设施的费用分摊和收益分配确定规则】建筑物及其附属设施的费用分摊、收益分配等事项，有约定的，按照约定；没有约定或者约定不明确的，按照业主专有部分面积所占比例确定。

第二百八十四条　【建筑物及其附属设施的管理】业主可以自行管理建筑物及其附属设施，也可以委托物业服务企业或者其他管理人管理。

对建设单位聘请的物业服务企业或者其他管理人，业主有权依法更换。

第二百八十五条　【物业服务企业或其他接受业主委托的管理人的管理义务】物业服务企业或者其他管理人根据业主的委托，依照本法第三编有关物业服务合同的规定管理建筑区划内的建筑物及其附属设施，接受业主的监督，并及时答复业主对物业服务情况提出的询问。

物业服务企业或者其他管理人应当执行政府依法实施的应急处置措施和其他管理措施，积极配合开展相关工作。

第二百八十六条　【业主守法义务和业主大会与业主委员会职责】业主应当遵守法律、法规以及管理规约，相关行为应当符合节约资源、保护生态环境的要求。对于物业服务企业或者其他管理人执行政府依法实施的应急处置措施和其他管理措施，业主应当依法予以配合。

业主大会或者业主委员会，对任意弃置垃圾、排放污染物或者噪声、违反规定饲养动物、违章搭建、侵占通道、拒付物业费等损害他人合法权益的行为，有权依照法律、法规以及管理规约，请求行为人停止侵害、排除妨碍、消除危险、恢复原状、赔偿损失。

业主或者其他行为人拒不履行相关义务的，有关当事人可以向有关行政主管部门报告或者投诉，有关行政主管部门应当依法处理。

第二百八十七条　【业主请求权】业主对建设单位、物业服务企业或者其他管理人以及其他业主侵害自己合法权益的行为，有权请求其承担民事责任。

……

第三编　合　　同

……

第四百六十九条　【合同形式】当事人订立合同，可以采用书面形式、口头形式或者其他形式。

书面形式是合同书、信件、电报、电传、传真等可以有形地表现所载内容的形式。

以电子数据交换、电子邮件等方式能够有形地表现所载内容，并可以随时调取查用的数据电文，视为书面形式。

第四百七十条　【合同主要条款及示范文本】合同的内容由当事人约定，一般包括下列条款：

（一）当事人的姓名或者名称和住所；

（二）标的；

（三）数量；

（四）质量；

（五）价款或者报酬；

（六）履行期限、地点和方式；

（七）违约责任；

（八）解决争议的方法。

当事人可以参照各类合同的示范文本订立合同。

……

第五百零六条　【免责条款无效情形】合同中的下列免责条款无效：

（一）造成对方人身损害的；

（二）因故意或者重大过失造成对方财产损失的。

……

第五百零九条　【合同履行的原则】当事人应当按照约定全面履行自己的义务。

当事人应当遵循诚信原则，根据合同的性质、目的和交易习惯履行通知、协助、保密等义务。

当事人在履行合同过程中，应当避免浪费资源、污染环境和破坏生态。

第五百一十条　【约定不明时合同内容的确定】合同生效后，当事人就质量、价款或者报酬、履行地点等内容没有约定或者约定不明确的，可以协议补充；不能达成补充协议的，按照合同相关条款或者交易习惯确定。

第五百一十一条　【质量、价款、履行地点等内容的确定】当事人就有关合同内容约定不明确，依据前条规定仍不能确定的，适用下列规定：

（一）质量要求不明确的，按照强制性国家标准履行；没有强制性国家标准的，按照推荐性国家标准履行；没有推荐性国家标准的，按照行业标准履行；没有国家标准、行业标准的，按照通常标准或者符合合同目的的特定标准履行。

（二）价款或者报酬不明确的，按照订立合同时履行地的市场价格履行；依法应当执行政府定价或者政府指导价的，依照规定履行。

（三）履行地点不明确，给付货币的，在接受货币一方所在地履行；交付不动产的，在不动产所在地履行；其他标的，在履行义务一方所在地履行。

（四）履行期限不明确的，债务人可以随时履行，债权人也可以随时请求履行，但是应当给对方必要的准备时间。

（五）履行方式不明确的，按照有利于实现合同目的的方式履行。

（六）履行费用的负担不明确的，由履行义务一方负担；因债权人原因增加的履行费用，由债权人负担。

第五百一十二条　【电子合同交付时间的认定】通过互联网等信息网络订立的电子合同的标的为交付商品并采用快递物流方式交付的，收货人的签收时间为交付时间。电子合同的标的为提供服务的，生成的电子凭证或者实物凭证中载明的时间为提供服务时间；前述凭证没有载明时间或者载明时间与实际提供服务时间不一致的，以实际提供服务的时间为准。

电子合同的标的物为采用在线传输方式交付的，合同标的物进入对方当事人指定的特定系统且能够检索识别的时间为交付时间。

电子合同当事人对交付商品或者提供服务的方式、时间另有约定的，按照其约定。

第五百一十三条　【执行政府定价或指导价的合同价格确定】执行政府定价或者政府指导价的，在合同约定的交付期限内政府价格调整时，按照交付时的价格计价。逾期交付标的物的，遇价格上涨时，按照原价格执行；价格下降时，按照新价格执行。逾期提取标的物或者逾期付款的，遇价格上涨时，按照新价格执行；价格下降时，按照原价格执行。

……

第五百二十二条　【向第三人履行】当事人约定由债务人向第三人履行债务，债务人未向第三人履行债务或者履行债务不符合约定的，应当向债权人承担违约责任。

法律规定或者当事人约定第三人可以直接请求债务人向其履行债务，第三人未在合理期限内明确拒绝，债务人未向第三人履行债务或者履行债务不符合约定的，第三人可以请求债务人承担违约责任；债务人对债权人的抗辩，可以向第三人主张。

第五百二十三条　【第三人履行】当事人约定由第三人向债权

人履行债务，第三人不履行债务或者履行债务不符合约定的，债务人应当向债权人承担违约责任。

第五百二十四条　【第三人代为履行】债务人不履行债务，第三人对履行该债务具有合法利益的，第三人有权向债权人代为履行；但是，根据债务性质、按照当事人约定或者依照法律规定只能由债务人履行的除外。

债权人接受第三人履行后，其对债务人的债权转让给第三人，但是债务人和第三人另有约定的除外。

……

第五百八十五条　【违约金的约定】当事人可以约定一方违约时应当根据违约情况向对方支付一定数额的违约金，也可以约定因违约产生的损失赔偿额的计算方法。

约定的违约金低于造成的损失的，人民法院或者仲裁机构可以根据当事人的请求予以增加；约定的违约金过分高于造成的损失的，人民法院或者仲裁机构可以根据当事人的请求予以适当减少。

当事人就迟延履行约定违约金的，违约方支付违约金后，还应当履行债务。

第五百八十六条　【定金】当事人可以约定一方向对方给付定金作为债权的担保。定金合同自实际交付定金时成立。

定金的数额由当事人约定；但是，不得超过主合同标的额的百分之二十，超过部分不产生定金的效力。实际交付的定金数额多于或者少于约定数额的，视为变更约定的定金数额。

第五百八十七条　【定金罚则】债务人履行债务的，定金应当抵作价款或者收回。给付定金的一方不履行债务或者履行债务不符合约定，致使不能实现合同目的的，无权请求返还定金；收受定金的一方不履行债务或者履行债务不符合约定，致使不能实现合同目的的，应当双倍返还定金。

第五百八十八条　【违约金与定金竞合选择权】当事人既约定违约金，又约定定金的，一方违约时，对方可以选择适用违约金或者定金条款。

定金不足以弥补一方违约造成的损失的，对方可以请求赔偿超过定金数额的损失。

……

第五百九十条　【因不可抗力不能履行合同】当事人一方因不可抗力不能履行合同的，根据不可抗力的影响，部分或者全部免除责任，但是法律另有规定的除外。因不可抗力不能履行合同的，应当及时通知对方，以减轻可能给对方造成的损失，并应当在合理期限内提供证明。

当事人迟延履行后发生不可抗力的，不免除其违约责任。

……

第十章　供用电、水、气、热力合同

第六百四十八条　【供用电合同概念及强制缔约义务】供用电合同是供电人向用电人供电，用电人支付电费的合同。

向社会公众供电的供电人，不得拒绝用电人合理的订立合同要求。

第六百四十九条　【供用电合同的内容】供用电合同的内容一般包括供电的方式、质量、时间，用电容量、地址、性质，计量方式，电价、电费的结算方式，供用电设施的维护责任等条款。

第六百五十条　【供用电合同的履行地点】供用电合同的履行地点，按照当事人约定；当事人没有约定或者约定不明确的，供电设施的产权分界处为履行地点。

第六百五十一条　【供电人的安全供电义务】供电人应当按照国家规定的供电质量标准和约定安全供电。供电人未按照国家规定的供电质量标准和约定安全供电，造成用电人损失的，应当承担赔偿责任。

第六百五十二条　【供电人中断供电时的通知义务】供电人因供电设施计划检修、临时检修、依法限电或者用电人违法用电等原因，需要中断供电时，应当按照国家有关规定事先通知用电人；未事先通知用电人中断供电，造成用电人损失的，应当承担赔偿责任。

第六百五十三条　【供电人抢修义务】因自然灾害等原因断电，供电人应当按照国家有关规定及时抢修；未及时抢修，造成用电人损失的，应当承担赔偿责任。

第六百五十四条　【用电人支付电费的义务】用电人应当按照国家有关规定和当事人的约定及时支付电费。用电人逾期不支付电费的，应当按照约定支付违约金。经催告用电人在合理期限内仍不支付电费和违约金的，供电人可以按照国家规定的程序中止供电。

供电人依据前款规定中止供电的，应当事先通知用电人。

第六百五十五条　【用电人安全用电义务】用电人应当按照国家有关规定和当事人的约定安全、节约和计划用电。用电人未按照国家有关规定和当事人的约定用电，造成供电人损失的，应当承担赔偿责任。

第六百五十六条　【供用水、气、热力合同参照适用供用电合同】供用水、供用气、供用热力合同，参照适用供用电合同的有关规定。

……

第二十三章　委托合同

第九百一十九条　【委托合同的概念】委托合同是委托人和受托人约定，由受托人处理委托人事务的合同。

第九百二十条　【委托权限】委托人可以特别委托受托人处理一项或者数项事务，也可以概括委托受托人处理一切事务。

第九百二十一条　【处理委托事务的费用】委托人应当预付处理委托事务的费用。受托人为处理委托事务垫付的必要费用，委托人应当偿还该费用并支付利息。

第九百二十二条　【受托人服从指示的义务】受托人应当按照委托人的指示处理委托事务。需要变更委托人指示的，应当经委托人同意；因情况紧急，难以和委托人取得联系的，受托人应当妥善处理委托事务，但是事后应当将该情况及时报告委托人。

第九百二十三条　【受托人亲自处理委托事务】受托人应当亲自处理委托事务。经委托人同意，受托人可以转委托。转委托经同意或者追认的，委托人可以就委托事务直接指示转委托的第三人，受托人仅就第三人的选任及其对第三人的指示承担责任。转委托未经同意或者追认的，受托人应当对转委托的第三人的行为承担责任；但是，在紧急情况下受托人为了维护委托人的利益需要转委托第三人的除外。

第九百二十四条　【受托人的报告义务】受托人应当按照委托人的要求，报告委托事务的处理情况。委托合同终止时，受托人应当报告委托事务的结果。

第九百二十五条　【受托人以自己名义从事受托事务的法律效果】受托人以自己的名义，在委托人的授权范围内与第三人订立的合同，第三人在订立合同时知道受托人与委托人之间的代理关系的，该合同直接约束委托人和第三人；但是，有确切证据证明该合同只约束受托人和第三人的除外。

第九百二十六条　【委托人的介入权与第三人的选择权】受托人以自己的名义与第三人订立合同时，第三人不知道受托人与委托人之间的代理关系的，受托人因第三人的原因对委托人不履行义务，受托人应当向委托人披露第三人，委托人因此可以行使受托人对第三人的权利。但是，第三人与受托人订立合同时如果知道该委托人就不会订立合同的除外。

受托人因委托人的原因对第三人不履行义务，受托人应当向第三人披露委托人，第三人因此可以选择受托人或者委托人作为相对人主张其权利，但是第三人不得变更选定的相对人。

委托人行使受托人对第三人的权利的，第三人可以向委托人主张其对受托人的抗辩。第三人选定委托人作为其相对人的，委托人可以向第三人主张其对受托人的抗辩以及受托人对第三人的抗辩。

第九百二十七条　【受托人转移所得利益的义务】受托人处理委托事务取得的财产，应当转交给委托人。

第九百二十八条　【委托人支付报酬的义务】受托人完成委托事务的，委托人应当按照约定向其支付报酬。

因不可归责于受托人的事由，委托合同解除或者委托事务不能完成的，委托人应当向受托人支付相应的报酬。当事人另有约定的，按照其约定。

第九百二十九条　【因受托人过错致委托人损失的赔偿责任】有偿的委托合同，因受托人的过错造成委托人损失的，委托人可以请求赔偿损失。无偿的委托合同，因受托人的故意或者重大过失造成委托人损失的，委托人可以请求赔偿损失。

受托人超越权限造成委托人损失的，应当赔偿损失。

第九百三十条　【委托人的赔偿责任】受托人处理委托事务时，因不可归责于自己的事由受到损失的，可以向委托人请求赔偿损失。

第九百三十一条　【委托人另行委托他人处理事务】委托人经受托人同意，可以在受托人之外委托第三人处理委托事务。因此造成受托人损失的，受托人可以向委托人请求赔偿损失。

第九百三十二条　【共同委托】两个以上的受托人共同处理委托事务的，对委托人承担连带责任。

第九百三十三条　【任意解除权】委托人或者受托人可以随时解除委托合同。因解除合同造成对方损失的，除不可归责于该当事人的事由外，无偿委托合同的解除方应当赔偿因解除时间不当造成的直接损失，有偿委托合同的解除方应当赔偿对方的直接损失和合同履行后可以获得的利益。

第九百三十四条　【委托合同的终止】委托人死亡、终止或者受托人死亡、丧失民事行为能力、终止的，委托合同终止；但是，当事人另有约定或者根据委托事务的性质不宜终止的除外。

第九百三十五条　【受托人继续处理委托事务】因委托人死亡或者被宣告破产、解散，致使委托合同终止将损害委托人利益的，在委托人的继承人、遗产管理人或者清算人承受委托事务之前，受托人应当继续处理委托事务。

第九百三十六条　【受托人死亡后其继承人等的义务】因受托

人死亡、丧失民事行为能力或者被宣告破产、解散，致使委托合同终止的，受托人的继承人、遗产管理人、法定代理人或者清算人应当及时通知委托人。因委托合同终止将损害委托人利益的，在委托人作出善后处理之前，受托人的继承人、遗产管理人、法定代理人或者清算人应当采取必要措施。

……

第二十四章　物业服务合同

第九百三十七条　【物业服务合同的定义】物业服务合同是物业服务人在物业服务区域内，为业主提供建筑物及其附属设施的维修养护、环境卫生和相关秩序的管理维护等物业服务，业主支付物业费的合同。

物业服务人包括物业服务企业和其他管理人。

第九百三十八条　【物业服务合同的内容与形式】物业服务合同的内容一般包括服务事项、服务质量、服务费用的标准和收取办法、维修资金的使用、服务用房的管理和使用、服务期限、服务交接等条款。

物业服务人公开作出的有利于业主的服务承诺，为物业服务合同的组成部分。

物业服务合同应当采用书面形式。

第九百三十九条　【物业服务合同的约束力】建设单位依法与物业服务人订立的前期物业服务合同，以及业主委员会与业主大会依法选聘的物业服务人订立的物业服务合同，对业主具有法律约束力。

第九百四十条　【前期物业服务合同的终止情形】建设单位依法与物业服务人订立的前期物业服务合同约定的服务期限届满前，业主委员会或者业主与新物业服务人订立的物业服务合同生效的，前期物业服务合同终止。

第九百四十一条　【物业服务合同的转委托】物业服务人将物

业服务区域内的部分专项服务事项委托给专业性服务组织或者其他第三人的，应当就该部分专项服务事项向业主负责。

物业服务人不得将其应当提供的全部物业服务转委托给第三人，或者将全部物业服务支解后分别转委托给第三人。

第九百四十二条　【物业服务人的义务】物业服务人应当按照约定和物业的使用性质，妥善维修、养护、清洁、绿化和经营管理物业服务区域内的业主共有部分，维护物业服务区域内的基本秩序，采取合理措施保护业主的人身、财产安全。

对物业服务区域内违反有关治安、环保、消防等法律法规的行为，物业服务人应当及时采取合理措施制止、向有关行政主管部门报告并协助处理。

第九百四十三条　【物业服务人的信息公开义务】物业服务人应当定期将服务的事项、负责人员、质量要求、收费项目、收费标准、履行情况，以及维修资金使用情况、业主共有部分的经营与收益情况等以合理方式向业主公开并向业主大会、业主委员会报告。

第九百四十四条　【业主支付物业费义务】业主应当按照约定向物业服务人支付物业费。物业服务人已经按照约定和有关规定提供服务的，业主不得以未接受或者无需接受相关物业服务为由拒绝支付物业费。

业主违反约定逾期不支付物业费的，物业服务人可以催告其在合理期限内支付；合理期限届满仍不支付的，物业服务人可以提起诉讼或者申请仲裁。

物业服务人不得采取停止供电、供水、供热、供燃气等方式催交物业费。

第九百四十五条　【业主的告知、协助义务】业主装饰装修房屋的，应当事先告知物业服务人，遵守物业服务人提示的合理注意事项，并配合其进行必要的现场检查。

业主转让、出租物业专有部分、设立居住权或者依法改变共有部分用途的，应当及时将相关情况告知物业服务人。

第九百四十六条　【业主解聘物业服务人】业主依照法定程序

共同决定解聘物业服务人的，可以解除物业服务合同。决定解聘的，应当提前六十日书面通知物业服务人，但是合同对通知期限另有约定的除外。

依据前款规定解除合同造成物业服务人损失的，除不可归责于业主的事由外，业主应当赔偿损失。

第九百四十七条　【物业服务人的续聘】物业服务期限届满前，业主依法共同决定续聘的，应当与原物业服务人在合同期限届满前续订物业服务合同。

物业服务期限届满前，物业服务人不同意续聘的，应当在合同期限届满前九十日书面通知业主或者业主委员会，但是合同对通知期限另有约定的除外。

第九百四十八条　【不定期物业服务合同的成立与解除】物业服务期限届满后，业主没有依法作出续聘或者另聘物业服务人的决定，物业服务人继续提供物业服务的，原物业服务合同继续有效，但是服务期限为不定期。

当事人可以随时解除不定期物业服务合同，但是应当提前六十日书面通知对方。

第九百四十九条　【物业服务合同终止后原物业服务人的义务】物业服务合同终止的，原物业服务人应当在约定期限或者合理期限内退出物业服务区域，将物业服务用房、相关设施、物业服务所必需的相关资料等交还给业主委员会、决定自行管理的业主或者其指定的人，配合新物业服务人做好交接工作，并如实告知物业的使用和管理状况。

原物业服务人违反前款规定的，不得请求业主支付物业服务合同终止后的物业费；造成业主损失的，应当赔偿损失。

第九百五十条　【物业服务合同终止后新合同成立前期间的相关事项】物业服务合同终止后，在业主或者业主大会选聘的新物业服务人或者决定自行管理的业主接管之前，原物业服务人应当继续处理物业服务事项，并可以请求业主支付该期间的物业费。

……

第十章　建筑物和物件损害责任

第一千二百五十二条　【建筑物、构筑物或者其他设施倒塌、塌陷致害责任】建筑物、构筑物或者其他设施倒塌、塌陷造成他人损害的，由建设单位与施工单位承担连带责任，但是建设单位与施工单位能够证明不存在质量缺陷的除外。建设单位、施工单位赔偿后，有其他责任人的，有权向其他责任人追偿。

因所有人、管理人、使用人或者第三人的原因，建筑物、构筑物或者其他设施倒塌、塌陷造成他人损害的，由所有人、管理人、使用人或者第三人承担侵权责任。

第一千二百五十三条　【建筑物、构筑物或者其他设施及其搁置物、悬挂物脱落、坠落致害责任】建筑物、构筑物或者其他设施及其搁置物、悬挂物发生脱落、坠落造成他人损害，所有人、管理人或者使用人不能证明自己没有过错的，应当承担侵权责任。所有人、管理人或者使用人赔偿后，有其他责任人的，有权向其他责任人追偿。

第一千二百五十四条　【高空抛掷物、坠落物致害责任】禁止从建筑物中抛掷物品。从建筑物中抛掷物品或者从建筑物上坠落的物品造成他人损害的，由侵权人依法承担侵权责任；经调查难以确定具体侵权人的，除能够证明自己不是侵权人的外，由可能加害的建筑物使用人给予补偿。可能加害的建筑物使用人补偿后，有权向侵权人追偿。

物业服务企业等建筑物管理人应当采取必要的安全保障措施防止前款规定情形的发生；未采取必要的安全保障措施的，应当依法承担未履行安全保障义务的侵权责任。

发生本条第一款规定的情形的，公安等机关应当依法及时调查，查清责任人。

第一千二百五十五条　【堆放物致害责任】堆放物倒塌、滚落或者滑落造成他人损害，堆放人不能证明自己没有过错的，应当承担侵权责任。

第一千二百五十六条 【在公共道路上妨碍通行物品的致害责任】在公共道路上堆放、倾倒、遗撒妨碍通行的物品造成他人损害的，由行为人承担侵权责任。公共道路管理人不能证明已经尽到清理、防护、警示等义务的，应当承担相应的责任。

第一千二百五十七条 【林木致害的责任】因林木折断、倾倒或者果实坠落等造成他人损害，林木的所有人或者管理人不能证明自己没有过错的，应当承担侵权责任。

第一千二百五十八条 【公共场所或道路施工致害责任和窨井等地下设施致害责任】在公共场所或者道路上挖掘、修缮安装地下设施等造成他人损害，施工人不能证明已经设置明显标志和采取安全措施的，应当承担侵权责任。

窨井等地下设施造成他人损害，管理人不能证明尽到管理职责的，应当承担侵权责任。

……

最高人民法院关于审理建筑物区分所有权纠纷案件适用法律若干问题的解释

（2009年3月23日最高人民法院审判委员会第1464次会议通过 根据2020年12月23日最高人民法院审判委员会第1823次会议通过的《最高人民法院关于修改〈最高人民法院关于在民事审判工作中适用《中华人民共和国工会法》若干问题的解释〉等二十七件民事类司法解释的决定》修正 2020年12月29日最高人民法院公告公布 自2021年1月1日起施行 法释〔2020〕17号）

为正确审理建筑物区分所有权纠纷案件，依法保护当事人的合法权益，根据《中华人民共和国民法典》等法律的规定，结合民事审判实践，制定本解释。

第一条 依法登记取得或者依据民法典第二百二十九条至第二百三十一条规定取得建筑物专有部分所有权的人，应当认定为民法典第二编第六章所称的业主。

基于与建设单位之间的商品房买卖民事法律行为，已经合法占有建筑物专有部分，但尚未依法办理所有权登记的人，可以认定为民法典第二编第六章所称的业主。

第二条 建筑区划内符合下列条件的房屋，以及车位、摊位等特定空间，应当认定为民法典第二编第六章所称的专有部分：

（一）具有构造上的独立性，能够明确区分；

（二）具有利用上的独立性，可以排他使用；

（三）能够登记成为特定业主所有权的客体。

规划上专属于特定房屋，且建设单位销售时已经根据规划列入该特定房屋买卖合同中的露台等，应当认定为前款所称的专有部分的组成部分。

本条第一款所称房屋，包括整栋建筑物。

第三条 除法律、行政法规规定的共有部分外，建筑区划内的以下部分，也应当认定为民法典第二编第六章所称的共有部分：

（一）建筑物的基础、承重结构、外墙、屋顶等基本结构部分，通道、楼梯、大堂等公共通行部分，消防、公共照明等附属设施、设备，避难层、设备层或者设备间等结构部分；

（二）其他不属于业主专有部分，也不属于市政公用部分或者其他权利人所有的场所及设施等。

建筑区划内的土地，依法由业主共同享有建设用地使用权，但属于业主专有的整栋建筑物的规划占地或者城镇公共道路、绿地占地除外。

第四条 业主基于对住宅、经营性用房等专有部分特定使用功能的合理需要，无偿利用屋顶以及与其专有部分相对应的外墙面等共有部分的，不应认定为侵权。但违反法律、法规、管理规约，损害他人合法权益的除外。

第五条 建设单位按照配置比例将车位、车库，以出售、附赠或者出租等方式处分给业主的，应当认定其行为符合民法典第二百七十六条有关“应当首先满足业主的需要”的规定。

前款所称配置比例是指规划确定的建筑区划内规划用于停放汽车的车位、车库与房屋套数的比例。

第六条 建筑区划内在规划用于停放汽车的车位之外，占用业主共有道路或者其他场地增设的车位，应当认定为民法典第二百七十五条第二款所称的车位。

第七条 处分共有部分，以及业主大会依法决定或者管理规约依法确定应由业主共同决定的事项，应当认定为民法典第二百七十八条第一款第（九）项规定的有关共有和共同管理权利的“其他重大事项”。

第八条 民法典第二百七十八条第二款和第二百八十三条规定的专有部分面积可以按照不动产登记簿记载的面积计算；尚未进行物权登记的，暂按测绘机构的实测面积计算；尚未进行实测的，暂按房屋买卖合同记载的面积计算。

第九条 民法典第二百七十八条第二款规定的业主人数可以按照专有部分的数量计算，一个专有部分按一人计算。但建设单位尚未出售和虽已出售但尚未交付的部分，以及同一买受人拥有一个以上专有部分的，按一人计算。

第十条 业主将住宅改变为经营性用房，未依据民法典第二百七十九条的规定经有利害关系的业主一致同意，有利害关系的业主请求排除妨害、消除危险、恢复原状或者赔偿损失的，人民法院应予支持。

将住宅改变为经营性用房的业主以多数有利害关系的业主同意其行为进行抗辩的，人民法院不予支持。

第十一条 业主将住宅改变为经营性用房，本栋建筑物内的其他业主，应当认定为民法典第二百七十九条所称“有利害关系的业主”。建筑区划内，本栋建筑物之外的业主，主张与自己有利害关系的，应证明其房屋价值、生活质量受到或者可能受到不利影响。

第十二条 业主以业主大会或者业主委员会作出的决定侵害其合法权益或者违反了法律规定的程序为由，依据民法典第二百八十条第二款的规定请求人民法院撤销该决定的，应当在知道或者应当知道业主大会或者业主委员会作出决定之日起一年内行使。

第十三条 业主请求公布、查阅下列应当向业主公开的情况和资料的，人民法院应予支持：

（一）建筑物及其附属设施的维修资金的筹集、使用情况；

（二）管理规约、业主大会议事规则，以及业主大会或者业主委员会的决定及会议记录；

（三）物业服务合同、共有部分的使用和收益情况；

（四）建筑区划内规划用于停放汽车的车位、车库的处分情况；

（五）其他应当向业主公开的情况和资料。

第十四条 建设单位、物业服务企业或者其他管理人等擅自占用、处分业主共有部分、改变其使用功能或者进行经营性活动，权利人请求排除妨害、恢复原状、确认处分行为无效或者赔偿损失的，人民法院应予支持。

属于前款所称擅自进行经营性活动的情形，权利人请求建设单位、物业服务企业或者其他管理人等将扣除合理成本之后的收益用于补充专项维修资金或者业主共同决定的其他用途的，人民法院应予支持。行为人对成本的支出及其合理性承担举证责任。

第十五条 业主或者其他行为人违反法律、法规、国家相关强制性标准、管理规约，或者违反业主大会、业主委员会依法作出的决定，实施下列行为的，可以认定为民法典第二百八十六条第二款所称的其他"损害他人合法权益的行为"：

（一）损害房屋承重结构，损害或者违章使用电力、燃气、消防设施，在建筑物内放置危险、放射性物品等危及建筑物安全或者妨碍建筑物正常使用；

（二）违反规定破坏、改变建筑物外墙面的形状、颜色等损害建筑物外观；

（三）违反规定进行房屋装饰装修；

（四）违章加建、改建，侵占、挖掘公共通道、道路、场地或者其他共有部分。

第十六条 建筑物区分所有权纠纷涉及专有部分的承租人、借用人等物业使用人的，参照本解释处理。

专有部分的承租人、借用人等物业使用人，根据法律、法规、管理规约、业主大会或者业主委员会依法作出的决定，以及其与业主的约定，享有相应权利，承担相应义务。

第十七条 本解释所称建设单位，包括包销期满，按照包销合同约定的包销价格购买尚未销售的物业后，以自己名义对外销售的包销人。

第十八条 人民法院审理建筑物区分所有权案件中，涉及有关物权归属争议的，应当以法律、行政法规为依据。

第十九条 本解释自2009年10月1日起施行。

因物权法施行后实施的行为引起的建筑物区分所有权纠纷案件，适用本解释。

本解释施行前已经终审，本解释施行后当事人申请再审或者按照审判监督程序决定再审的案件，不适用本解释。

建设部办公厅关于对《物业管理条例》有关条款理解适用问题的批复

（2003年10月17日　建办法函〔2003〕509号）

黑龙江省建设厅：

你厅《关于〈物业管理条例〉有关条款解释的请示》（黑建函〔2003〕121号）收悉。经研究，批复如下：

一、根据我国《立法法》的规定，地方性法规可以作为《物业管理条例》第五十二条规定中“依法承担物业管理区域内相关管线和设施设备的维修、养护责任”的依据。

二、根据《物业管理条例》第五十二条的规定，物业管理区域内相关管线和设施设备的维修、养护责任的划分，法律法规有规定的，依照其规定；法律法规没有规定的，应当通过合同约定来确定；没有合同或者合同没有约定的，由当事人协商解决；如果供水、供电、供气、供热、通讯、有线电视等供应价格已包含了物业管理区域内相关管线和设施设备的维修、养护费用的，物业管理区域内相关管线和设施设备的维修、养护责任由相应的供应单位承担。

业主大会和业主委员会指导规则

（2009 年 12 月 1 日　建房〔2009〕274 号）

第一章　总　　则

第一条　为了规范业主大会和业主委员会的活动，维护业主的合法权益，根据《中华人民共和国物权法》、《物业管理条例》等法律法规的规定，制定本规则。

第二条　业主大会由物业管理区域内的全体业主组成，代表和维护物业管理区域内全体业主在物业管理活动中的合法权利，履行相应的义务。

第三条　业主委员会由业主大会依法选举产生，履行业主大会赋予的职责，执行业主大会决定的事项，接受业主的监督。

第四条　业主大会或者业主委员会的决定，对业主具有约束力。

业主大会和业主委员会应当依法履行职责，不得作出与物业管理无关的决定，不得从事与物业管理无关的活动。

第五条　业主大会和业主委员会，对业主损害他人合法权益和业主共同利益的行为，有权依照法律、法规以及管理规约，要求停止侵害、消除危险、排除妨害、赔偿损失。

第六条　物业所在地的区、县房地产行政主管部门和街道办事处、乡镇人民政府负责对设立业主大会和选举业主委员会给予指导和协助，负责对业主大会和业主委员会的日常活动进行指导和监督。

第二章　业 主 大 会

第七条　业主大会根据物业管理区域的划分成立，一个物业管理区域成立一个业主大会。

只有一个业主的，或者业主人数较少且经全体业主同意，不成立业主大会的，由业主共同履行业主大会、业主委员会职责。

第八条　物业管理区域内，已交付的专有部分面积超过建筑物总面积50%时，建设单位应当按照物业所在地的区、县房地产行政主管部门或者街道办事处、乡镇人民政府的要求，及时报送下列筹备首次业主大会会议所需的文件资料：

（一）物业管理区域证明；

（二）房屋及建筑物面积清册；

（三）业主名册；

（四）建筑规划总平面图；

（五）交付使用共用设施设备的证明；

（六）物业服务用房配置证明；

（七）其他有关的文件资料。

第九条　符合成立业主大会条件的，区、县房地产行政主管部门或者街道办事处、乡镇人民政府应当在收到业主提出筹备业主大会书面申请后60日内，负责组织、指导成立首次业主大会会议筹备组。

第十条　首次业主大会会议筹备组由业主代表、建设单位代表、街道办事处、乡镇人民政府代表和居民委员会代表组成。筹备组成员人数应为单数，其中业主代表人数不低于筹备组总人数的一半，筹备组组长由街道办事处、乡镇人民政府代表担任。

第十一条　筹备组中业主代表的产生，由街道办事处、乡镇人民政府或者居民委员会组织业主推荐。

筹备组应当将成员名单以书面形式在物业管理区域内公告。业主对筹备组成员有异议的，由街道办事处、乡镇人民政府协调解决。

建设单位和物业服务企业应当配合协助筹备组开展工作。

第十二条 筹备组应当做好以下筹备工作：

（一）确认并公示业主身份、业主人数以及所拥有的专有部分面积；

（二）确定首次业主大会会议召开的时间、地点、形式和内容；

（三）草拟管理规约、业主大会议事规则；

（四）依法确定首次业主大会会议表决规则；

（五）制定业主委员会委员候选人产生办法，确定业主委员会委员候选人名单；

（六）制定业主委员会选举办法；

（七）完成召开首次业主大会会议的其他准备工作。

前款内容应当在首次业主大会会议召开15日前以书面形式在物业管理区域内公告。业主对公告内容有异议的，筹备组应当记录并作出答复。

第十三条 依法登记取得或者根据物权法第二章第三节规定取得建筑物专有部分所有权的人，应当认定为业主。

基于房屋买卖等民事法律行为，已经合法占有建筑物专有部分，但尚未依法办理所有权登记的人，可以认定为业主。

业主的投票权数由专有部分面积和业主人数确定。

第十四条 业主委员会委员候选人由业主推荐或者自荐。筹备组应当核查参选人的资格，根据物业规模、物权份额、委员的代表性和广泛性等因素，确定业主委员会委员候选人名单。

第十五条 筹备组应当自组成之日起90日内完成筹备工作，组织召开首次业主大会会议。

业主大会自首次业主大会会议表决通过管理规约、业主大会议事规则，并选举产生业主委员会之日起成立。

第十六条 划分为一个物业管理区域的分期开发的建设项目，先期开发部分符合条件的，可以成立业主大会，选举产生业主委员会。首次业主大会会议应当根据分期开发的物业面积和进度等因素，在业主大会议事规则中明确增补业主委员会委员的办法。

第十七条 业主大会决定以下事项：

（一）制定和修改业主大会议事规则；

（二）制定和修改管理规约；

（三）选举业主委员会或者更换业主委员会委员；

（四）制定物业服务内容、标准以及物业服务收费方案；

（五）选聘和解聘物业服务企业；

（六）筹集和使用专项维修资金；

（七）改建、重建建筑物及其附属设施；

（八）改变共有部分的用途；

（九）利用共有部分进行经营以及所得收益的分配与使用；

（十）法律法规或者管理规约确定应由业主共同决定的事项。

第十八条 管理规约应当对下列主要事项作出规定：

（一）物业的使用、维护、管理；

（二）专项维修资金的筹集、管理和使用；

（三）物业共用部分的经营与收益分配；

（四）业主共同利益的维护；

（五）业主共同管理权的行使；

（六）业主应尽的义务；

（七）违反管理规约应当承担的责任。

第十九条 业主大会议事规则应当对下列主要事项作出规定：

（一）业主大会名称及相应的物业管理区域；

（二）业主委员会的职责；

（三）业主委员会议事规则；

（四）业主大会会议召开的形式、时间和议事方式；

（五）业主投票权数的确定方法；

（六）业主代表的产生方式；

（七）业主大会会议的表决程序；

（八）业主委员会委员的资格、人数和任期等；

（九）业主委员会换届程序、补选办法等；

（十）业主大会、业主委员会工作经费的筹集、使用和管理；

（十一）业主大会、业主委员会印章的使用和管理。

第二十条 业主拒付物业服务费，不缴存专项维修资金以及实施其他损害业主共同权益行为的，业主大会可以在管理规约和业主大会议事规则中对其共同管理权的行使予以限制。

第二十一条 业主大会会议分为定期会议和临时会议。

业主大会定期会议应当按照业主大会议事规则的规定由业主委员会组织召开。

有下列情况之一的，业主委员会应当及时组织召开业主大会临时会议：

（一）经专有部分占建筑物总面积20%以上且占总人数20%以上业主提议的；

（二）发生重大事故或者紧急事件需要及时处理的；

（三）业主大会议事规则或者管理规约规定的其他情况。

第二十二条 业主大会会议可以采用集体讨论的形式，也可以采用书面征求意见的形式；但应当有物业管理区域内专有部分占建筑物总面积过半数的业主且占总人数过半数的业主参加。

采用书面征求意见形式的，应当将征求意见书送交每一位业主；无法送达的，应当在物业管理区域内公告。凡需投票表决的，表决意见应由业主本人签名。

第二十三条 业主大会确定业主投票权数，可以按照下列方法认定专有部分面积和建筑物总面积：

（一）专有部分面积按照不动产登记簿记载的面积计算；尚未进行登记的，暂按测绘机构的实测面积计算；尚未进行实测的，暂按房屋买卖合同记载的面积计算；

（二）建筑物总面积，按照前项的统计总和计算。

第二十四条 业主大会确定业主投票权数，可以按照下列方法认定业主人数和总人数：

（一）业主人数，按照专有部分的数量计算，一个专有部分按一人计算。但建设单位尚未出售和虽已出售但尚未交付的部分，以及同一买受人拥有一个以上专有部分的，按一人计算；

（二）总人数，按照前项的统计总和计算。

第二十五条 业主大会应当在业主大会议事规则中约定车位、摊位等特定空间是否计入用于确定业主投票权数的专有部分面积。

一个专有部分有两个以上所有权人的，应当推选一人行使表决权，但共有人所代表的业主人数为一人。

业主为无民事行为能力人或者限制民事行为能力人的，由其法定监护人行使投票权。

第二十六条 业主因故不能参加业主大会会议的，可以书面委托代理人参加业主大会会议。

未参与表决的业主，其投票权数是否可以计入已表决的多数票，由管理规约或者业主大会议事规则规定。

第二十七条 物业管理区域内业主人数较多的，可以幢、单元、楼层为单位，推选一名业主代表参加业主大会会议，推选及表决办法应当在业主大会议事规则中规定。

第二十八条 业主可以书面委托的形式，约定由其推选的业主代表在一定期限内代其行使共同管理权，具体委托内容、期限、权限和程序由业主大会议事规则规定。

第二十九条 业主大会会议决定筹集和使用专项维修资金以及改造、重建建筑物及其附属设施的，应当经专有部分占建筑物总面积三分之二以上的业主且占总人数三分之二以上的业主同意；决定本规则第十七条规定的其他共有和共同管理权利事项的，应当经专有部分占建筑物总面积过半数且占总人数过半数的业主同意。

第三十条 业主大会会议应当由业主委员会作出书面记录并存档。

业主大会的决定应当以书面形式在物业管理区域内及时公告。

第三章 业主委员会

第三十一条 业主委员会由业主大会会议选举产生，由5至11

人单数组成。业主委员会委员应当是物业管理区域内的业主，并符合下列条件：

（一）具有完全民事行为能力；

（二）遵守国家有关法律、法规；

（三）遵守业主大会议事规则、管理规约，模范履行业主义务；

（四）热心公益事业，责任心强，公正廉洁；

（五）具有一定的组织能力；

（六）具备必要的工作时间。

第三十二条 业主委员会委员实行任期制，每届任期不超过5年，可连选连任，业主委员会委员具有同等表决权。

业主委员会应当自选举之日起7日内召开首次会议，推选业主委员会主任和副主任。

第三十三条 业主委员会应当自选举产生之日起30日内，持下列文件向物业所在地的区、县房地产行政主管部门和街道办事处、乡镇人民政府办理备案手续：

（一）业主大会成立和业主委员会选举的情况；

（二）管理规约；

（三）业主大会议事规则；

（四）业主大会决定的其他重大事项。

第三十四条 业主委员会办理备案手续后，可持备案证明向公安机关申请刻制业主大会印章和业主委员会印章。

业主委员会任期内，备案内容发生变更的，业主委员会应当自变更之日起30日内将变更内容书面报告备案部门。

第三十五条 业主委员会履行以下职责：

（一）执行业主大会的决定和决议；

（二）召集业主大会会议，报告物业管理实施情况；

（三）与业主大会选聘的物业服务企业签订物业服务合同；

（四）及时了解业主、物业使用人的意见和建议，监督和协助物业服务企业履行物业服务合同；

（五）监督管理规约的实施；

（六）督促业主交纳物业服务费及其他相关费用；

（七）组织和监督专项维修资金的筹集和使用；

（八）调解业主之间因物业使用、维护和管理产生的纠纷；

（九）业主大会赋予的其他职责。

第三十六条　业主委员会应当向业主公布下列情况和资料：

（一）管理规约、业主大会议事规则；

（二）业主大会和业主委员会的决定；

（三）物业服务合同；

（四）专项维修资金的筹集、使用情况；

（五）物业共有部分的使用和收益情况；

（六）占用业主共有的道路或者其他场地用于停放汽车车位的处分情况；

（七）业主大会和业主委员会工作经费的收支情况；

（八）其他应当向业主公开的情况和资料。

第三十七条　业主委员会应当按照业主大会议事规则的规定及业主大会的决定召开会议。经三分之一以上业主委员会委员的提议，应当在7日内召开业主委员会会议。

第三十八条　业主委员会会议由主任召集和主持，主任因故不能履行职责，可以委托副主任召集。

业主委员会会议应有过半数的委员出席，作出的决定必须经全体委员半数以上同意。

业主委员会委员不能委托代理人参加会议。

第三十九条　业主委员会应当于会议召开7日前，在物业管理区域内公告业主委员会会议的内容和议程，听取业主的意见和建议。

业主委员会会议应当制作书面记录并存档，业主委员会会议作出的决定，应当有参会委员的签字确认，并自作出决定之日起3日内在物业管理区域内公告。

第四十条　业主委员会应当建立工作档案，工作档案包括以下主要内容：

（一）业主大会、业主委员会的会议记录；

（二）业主大会、业主委员会的决定；

（三）业主大会议事规则、管理规约和物业服务合同；

（四）业主委员会选举及备案资料；

（五）专项维修资金筹集及使用账目；

（六）业主及业主代表的名册；

（七）业主的意见和建议。

第四十一条 业主委员会应当建立印章管理规定，并指定专人保管印章。

使用业主大会印章，应当根据业主大会议事规则的规定或者业主大会会议的决定；使用业主委员会印章，应当根据业主委员会会议的决定。

第四十二条 业主大会、业主委员会工作经费由全体业主承担。工作经费可以由业主分摊，也可以从物业共有部分经营所得收益中列支。工作经费的收支情况，应当定期在物业管理区域内公告，接受业主监督。

工作经费筹集、管理和使用的具体办法由业主大会决定。

第四十三条 有下列情况之一的，业主委员会委员资格自行终止：

（一）因物业转让、灭失等原因不再是业主的；

（二）丧失民事行为能力的；

（三）依法被限制人身自由的；

（四）法律、法规以及管理规约规定的其他情形。

第四十四条 业主委员会委员有下列情况之一的，由业主委员会三分之一以上委员或者持有20%以上投票权数的业主提议，业主大会或者业主委员会根据业主大会的授权，可以决定是否终止其委员资格：

（一）以书面方式提出辞职请求的；

（二）不履行委员职责的；

（三）利用委员资格谋取私利的；

（四）拒不履行业主义务的；

（五）侵害他人合法权益的；

（六）因其他原因不宜担任业主委员会委员的。

第四十五条 业主委员会委员资格终止的，应当自终止之日起3日内将其保管的档案资料、印章及其他属于全体业主所有的财物移交业主委员会。

第四十六条 业主委员会任期内，委员出现空缺时，应当及时补足。业主委员会委员候补办法由业主大会决定或者在业主大会议事规则中规定。业主委员会委员人数不足总数的二分之一时，应当召开业主大会临时会议，重新选举业主委员会。

第四十七条 业主委员会任期届满前3个月，应当组织召开业主大会会议，进行换届选举，并报告物业所在地的区、县房地产行政主管部门和街道办事处、乡镇人民政府。

第四十八条 业主委员会应当自任期届满之日起10日内，将其保管的档案资料、印章及其他属于业主大会所有的财物移交新一届业主委员会。

第四章 指导和监督

第四十九条 物业所在地的区、县房地产行政主管部门和街道办事处、乡镇人民政府应当积极开展物业管理政策法规的宣传和教育活动，及时处理业主、业主委员会在物业管理活动中的投诉。

第五十条 已交付使用的专有部分面积超过建筑物总面积50%，建设单位未按要求报送筹备首次业主大会会议相关文件资料的，物业所在地的区、县房地产行政主管部门或者街道办事处、乡镇人民政府有权责令建设单位限期改正。

第五十一条 业主委员会未按业主大会议事规则的规定组织召开业主大会定期会议，或者发生应当召开业主大会临时会议的情况，业主委员会不履行组织召开会议职责的，物业所在地的区、县房地产行政主管部门或者街道办事处、乡镇人民政府可以责令业主委员会限期召开；逾期仍不召开的，可以由物业所在地的居民委员会在街道办事处、乡镇人民政府的指导和监督下组织召开。

第五十二条 按照业主大会议事规则的规定或者三分之一以上委员提议，应当召开业主委员会会议的，业主委员会主任、副主任无正当理由不召集业主委员会会议的，物业所在地的区、县房地产行政主管部门或者街道办事处、乡镇人民政府可以指定业主委员会其他委员召集业主委员会会议。

第五十三条 召开业主大会会议，物业所在地的区、县房地产行政主管部门和街道办事处、乡镇人民政府应当给予指导和协助。

第五十四条 召开业主委员会会议，应当告知相关的居民委员会，并听取居民委员会的建议。

在物业管理区域内，业主大会、业主委员会应当积极配合相关居民委员会依法履行自治管理职责，支持居民委员会开展工作，并接受其指导和监督。

第五十五条 违反业主大会议事规则或者未经业主大会会议和业主委员会会议的决定，擅自使用业主大会印章、业主委员会印章的，物业所在地的街道办事处、乡镇人民政府应当责令限期改正，并通告全体业主；造成经济损失或者不良影响的，应当依法追究责任人的法律责任。

第五十六条 业主委员会委员资格终止，拒不移交所保管的档案资料、印章及其他属于全体业主所有的财物的，其他业主委员会委员可以请求物业所在地的公安机关协助移交。

业主委员会任期届满后，拒不移交所保管的档案资料、印章及其他属于全体业主所有的财物的，新一届业主委员会可以请求物业所在地的公安机关协助移交。

第五十七条 业主委员会在规定时间内不组织换届选举的，物业所在地的区、县房地产行政主管部门或者街道办事处、乡镇人民政府应当责令其限期组织换届选举；逾期仍不组织的，可以由物业所在地的居民委员会在街道办事处、乡镇人民政府的指导和监督下，组织换届选举工作。

第五十八条 因客观原因未能选举产生业主委员会或者业主委

员会委员人数不足总数的二分之一的，新一届业主委员会产生之前，可以由物业所在地的居民委员会在街道办事处、乡镇人民政府的指导和监督下，代行业主委员会的职责。

第五十九条 业主大会、业主委员会作出的决定违反法律法规的，物业所在地的区、县房地产行政主管部门和街道办事处、乡镇人民政府应当责令限期改正或者撤销其决定，并通告全体业主。

第六十条 业主不得擅自以业主大会或者业主委员会的名义从事活动。业主以业主大会或者业主委员会的名义，从事违反法律、法规的活动，构成犯罪的，依法追究刑事责任；尚不构成犯罪的，依法给予治安管理处罚。

第六十一条 物业管理区域内，可以召开物业管理联席会议。物业管理联席会议由街道办事处、乡镇人民政府负责召集，由区、县房地产行政主管部门、公安派出所、居民委员会、业主委员会和物业服务企业等方面的代表参加，共同协调解决物业管理中遇到的问题。

第五章 附 则

第六十二条 业主自行管理或者委托其他管理人管理物业，成立业主大会，选举业主委员会的，可参照执行本规则。

第六十三条 物业所在地的区、县房地产行政主管部门与街道办事处、乡镇人民政府在指导、监督业主大会和业主委员会工作中的具体职责分工，按各省、自治区、直辖市人民政府有关规定执行。

第六十四条 本规则自2010年1月1日起施行。《业主大会和业主委员会指导规则》（建住房［2003］131号）同时废止。

最高人民法院关于春雨花园业主委员会是否具有民事诉讼主体资格的复函

（2005年8月15日　〔2005〕民立他字第8号）

安徽省高级人民法院：

你院〔2004〕皖民一他字第34号《关于春雨花园业主委员会是否具有民事诉讼主体资格的请示》收悉。经研究，答复如下：

根据《物业管理条例》规定，业主委员会是业主大会的执行机构，根据业主大会的授权对外代表业主进行民事活动，所产生的法律后果由全体业主承担。业主委员会与他人发生民事争议的，可以作为被告参加诉讼。

中华人民共和国招标投标法（节录）

（1999年8月30日第九届全国人民代表大会常务委员会第十一次会议通过　根据2017年12月27日第十二届全国人民代表大会常务委员会第三十一次会议《关于修改〈中华人民共和国招标投标法〉、〈中华人民共和国计量法〉的决定》修正）

……

第二章　招　　标

第八条　**【招标人】**招标人是依照本法规定提出招标项目、进行招标的法人或者其他组织。

第九条　【招标项目应具备的主要条件】招标项目按照国家有关规定需要履行项目审批手续的，应当先履行审批手续，取得批准。

招标人应当有进行招标项目的相应资金或者资金来源已经落实，并应当在招标文件中如实载明。

第十条　【公开招标和邀请招标】招标分为公开招标和邀请招标。

公开招标，是指招标人以招标公告的方式邀请不特定的法人或者其他组织投标。

邀请招标，是指招标人以投标邀请书的方式邀请特定的法人或者其他组织投标。

第十一条　【适用邀请招标的情形】国务院发展计划部门确定的国家重点项目和省、自治区、直辖市人民政府确定的地方重点项目不适宜公开招标的，经国务院发展计划部门或者省、自治区、直辖市人民政府批准，可以进行邀请招标。

第十二条　【代理招标和自行招标】招标人有权自行选择招标代理机构，委托其办理招标事宜。任何单位和个人不得以任何方式为招标人指定招标代理机构。

招标人具有编制招标文件和组织评标能力的，可以自行办理招标事宜。任何单位和个人不得强制其委托招标代理机构办理招标事宜。

依法必须进行招标的项目，招标人自行办理招标事宜的，应当向有关行政监督部门备案。

第十三条　【招标代理机构及条件】招标代理机构是依法设立、从事招标代理业务并提供相关服务的社会中介组织。

招标代理机构应当具备下列条件：

（一）有从事招标代理业务的营业场所和相应资金；

（二）有能够编制招标文件和组织评标的相应专业力量。

第十四条　【招标代理机构不得与国家机关存在利益关系】招标代理机构与行政机关和其他国家机关不得存在隶属关系或者其他利益关系。

第十五条　【招标代理机构的代理范围】招标代理机构应当在

招标人委托的范围内办理招标事宜，并遵守本法关于招标人的规定。

第十六条　【招标公告】招标人采用公开招标方式的，应当发布招标公告。依法必须进行招标的项目的招标公告，应当通过国家指定的报刊、信息网络或者其他媒介发布。

招标公告应当载明招标人的名称和地址、招标项目的性质、数量、实施地点和时间以及获取招标文件的办法等事项。

第十七条　【投标邀请书】招标人采用邀请招标方式的，应当向 3 个以上具备承担招标项目的能力、资信良好的特定的法人或者其他组织发出投标邀请书。

投标邀请书应当载明本法第十六条第二款规定的事项。

第十八条　【对潜在投标人的资格审查】招标人可以根据招标项目本身的要求，在招标公告或者投标邀请书中，要求潜在投标人提供有关资质证明文件和业绩情况，并对潜在投标人进行资格审查；国家对投标人的资格条件有规定的，依照其规定。

招标人不得以不合理的条件限制或者排斥潜在投标人，不得对潜在投标人实行歧视待遇。

第十九条　【招标文件】招标人应当根据招标项目的特点和需要编制招标文件。招标文件应当包括招标项目的技术要求、对投标人资格审查的标准、投标报价要求和评标标准等所有实质性要求和条件以及拟签订合同的主要条款。

国家对招标项目的技术、标准有规定的，招标人应当按照其规定在招标文件中提出相应要求。

招标项目需要划分标段、确定工期的，招标人应当合理划分标段、确定工期，并在招标文件中载明。

第二十条　【招标文件的限制】招标文件不得要求或者标明特定的生产供应者以及含有倾向或者排斥潜在投标人的其他内容。

第二十一条　【潜在投标人对项目现场的踏勘】招标人根据招标项目的具体情况，可以组织潜在投标人踏勘项目现场。

第二十二条　【招标人的保密义务】招标人不得向他人透露已获取招标文件的潜在投标人的名称、数量以及可能影响公平竞争的有关招标投标的其他情况。

招标人设有标底的，标底必须保密。

第二十三条　【招标文件的澄清或修改】招标人对已发出的招标文件进行必要的澄清或者修改的，应当在招标文件要求提交投标文件截止时间至少15日前，以书面形式通知所有招标文件收受人。该澄清或者修改的内容为招标文件的组成部分。

第二十四条　【编制投标文件的时间】招标人应当确定投标人编制投标文件所需要的合理时间；但是，依法必须进行招标的项目，自招标文件开始发出之日起至投标人提交投标文件截止之日止，最短不得少于20日。

第三章　投　　标

第二十五条　【投标人】投标人是响应招标、参加投标竞争的法人或者其他组织。

依法招标的科研项目允许个人参加投标的，投标的个人适用本法有关投标人的规定。

第二十六条　【投标人的资格条件】投标人应当具备承担招标项目的能力；国家有关规定对投标人资格条件或者招标文件对投标人资格条件有规定的，投标人应当具备规定的资格条件。

第二十七条　【投标文件的编制】投标人应当按照招标文件的要求编制投标文件。投标文件应当对招标文件提出的实质性要求和条件作出响应。

招标项目属于建设施工的，投标文件的内容应当包括拟派出的项目负责人与主要技术人员的简历、业绩和拟用于完成招标项目的机械设备等。

第二十八条　【投标文件的送达】投标人应当在招标文件要求提交投标文件的截止时间前，将投标文件送达投标地点。招标人收到投标文件后，应当签收保存，不得开启。投标人少于3个的，招标人应当依照本法重新招标。

在招标文件要求提交投标文件的截止时间后送达的投标文件，招标人应当拒收。

第二十九条　【投标文件的补充、修改、撤回】投标人在招标文件要求提交投标文件的截止时间前，可以补充、修改或者撤回已提交的投标文件，并书面通知招标人。补充、修改的内容为投标文件的组成部分。

第三十条　【投标文件对拟分包情况的说明】投标人根据招标文件载明的项目实际情况，拟在中标后将中标项目的部分非主体、非关键性工作进行分包的，应当在投标文件中载明。

第三十一条　【联合体投标】两个以上法人或者其他组织可以组成一个联合体，以一个投标人的身份共同投标。

联合体各方均应当具备承担招标项目的相应能力；国家有关规定或者招标文件对投标人资格条件有规定的，联合体各方均应当具备规定的相应资格条件。由同一专业的单位组成的联合体，按照资质等级较低的单位确定资质等级。

联合体各方应当签订共同投标协议，明确约定各方拟承担的工作和责任，并将共同投标协议连同投标文件一并提交招标人。联合体中标的，联合体各方应当共同与招标人签订合同，就中标项目向招标人承担连带责任。

招标人不得强制投标人组成联合体共同投标，不得限制投标人之间的竞争。

第三十二条　【串通投标的禁止】投标人不得相互串通投标报价，不得排挤其他投标人的公平竞争，损害招标人或者其他投标人的合法权益。

投标人不得与招标人串通投标，损害国家利益、社会公共利益或者他人的合法权益。

禁止投标人以向招标人或者评标委员会成员行贿的手段谋取中标。

第三十三条　【低于成本的报价竞标与骗取中标的禁止】投标

人不得以低于成本的报价竞标，也不得以他人名义投标或者以其他方式弄虚作假，骗取中标。

……

前期物业管理招标投标管理暂行办法

（2003年6月26日　建住房〔2003〕130号）

第一章　总　　则

第一条　为了规范前期物业管理招标投标活动，保护招标投标当事人的合法权益，促进物业管理市场的公平竞争，制定本办法。

第二条　前期物业管理，是指在业主、业主大会选聘物业管理企业之前，由建设单位选聘物业管理企业实施的物业管理。

建设单位通过招投标的方式选聘具有相应资质的物业管理企业和行政主管部门对物业管理招投标活动实施监督管理，适用本办法。

第三条　住宅及同一物业管理区域内非住宅的建设单位，应当通过招投标的方式选聘具有相应资质的物业管理企业；投标人少于3个或者住宅规模较小的，经物业所在地的区、县人民政府房地产行政主管部门批准，可以采用协议方式选聘具有相应资质的物业管理企业。

国家提倡其他物业的建设单位通过招投标的方式，选聘具有相应资质的物业管理企业。

第四条　前期物业管理招标投标应当遵循公开、公平、公正和诚实信用的原则。

第五条　国务院建设行政主管部门负责全国物业管理招标投标活动的监督管理。

省、自治区人民政府建设行政主管部门负责本行政区域内物业管理招标投标活动的监督管理。

直辖市、市、县人民政府房地产行政主管部门负责本行政区域内物业管理招标投标活动的监督管理。

第六条 任何单位和个人不得违反法律、行政法规规定，限制或者排斥具备投标资格的物业管理企业参加投标，不得以任何方式非法干涉物业管理招标投标活动。

第二章 招 标

第七条 本办法所称招标人是指依法进行前期物业管理招标的物业建设单位。

前期物业管理招标由招标人依法组织实施。招标人不得以不合理条件限制或者排斥潜在投标人，不得对潜在投标人实行歧视待遇，不得对潜在投标人提出与招标物业管理项目实际要求不符的过高的资格等要求。

第八条 前期物业管理招标分为公开招标和邀请招标。

招标人采取公开招标方式的，应当在公共媒介上发布招标公告，并同时在中国住宅与房地产信息网和中国物业管理协会网上发布免费招标公告。

招标公告应当载明招标人的名称和地址，招标项目的基本情况以及获取招标文件的办法等事项。

招标人采取邀请招标方式的，应当向 3 个以上物业管理企业发出投标邀请书，投标邀请书应当包含前款规定的事项。

第九条 招标人可以委托招标代理机构办理招标事宜；有能力组织和实施招标活动的，也可以自行组织实施招标活动。

物业管理招标代理机构应当在招标人委托的范围内办理招标事宜，并遵守本办法对招标人的有关规定。

第十条 招标人应当根据物业管理项目的特点和需要，在招标前完成招标文件的编制。

招标文件应包括以下内容：

（一）招标人及招标项目简介，包括招标人名称、地址、联系方式、项目基本情况、物业管理用房的配备情况等；

（二）物业管理服务内容及要求，包括服务内容、服务标准等；

（三）对投标人及投标书的要求，包括投标人的资格、投标书的格式、主要内容等；

（四）评标标准和评标方法；

（五）招标活动方案，包括招标组织机构、开标时间及地点等；

（六）物业服务合同的签订说明；

（七）其他事项的说明及法律法规规定的其他内容。

第十一条 招标人应当在发布招标公告或者发出投标邀请书的10日前，提交以下材料报物业项目所在地的县级以上地方人民政府房地产行政主管部门备案：

（一）与物业管理有关的物业项目开发建设的政府批件；

（二）招标公告或者招标邀请书；

（三）招标文件；

（四）法律、法规规定的其他材料。

房地产行政主管部门发现招标有违反法律、法规规定的，应当及时责令招标人改正。

第十二条 公开招标的招标人可以根据招标文件的规定，对投标申请人进行资格预审。

实行投标资格预审的物业管理项目，招标人应当在招标公告或者投标邀请书中载明资格预审的条件和获取资格预审文件的办法。

资格预审文件一般应当包括资格预审申请书格式、申请人须知，以及需要投标申请人提供的企业资格文件、业绩、技术装备、财务状况和拟派出的项目负责人与主要管理人员的简历、业绩等证明材料。

第十三条 经资格预审后，公开招标的招标人应当向资格预审合格的投标申请人发出资格预审合格通知书，告知获取招标文件的时间、地点和方法，并同时向资格不合格的投标申请人告知资格预审结果。

在资格预审合格的投标申请人过多时，可以由招标人从中选择不少于5家资格预审合格的投标申请人。

第十四条 招标人应当确定投标人编制投标文件所需要的合理时间。公开招标的物业管理项目，自招标文件发出之日起至投标人提交投标文件截止之日止，最短不得少于20日。

第十五条 招标人对已发出的招标文件进行必要的澄清或者修改的，应当在招标文件要求提交投标文件截止时间至少15日前，以书面形式通知所有的招标文件收受人。该澄清或者修改的内容为招标文件的组成部分。

第十六条 招标人根据物业管理项目的具体情况，可以组织潜在的投标申请人踏勘物业项目现场，并提供隐蔽工程图纸等详细资料。对投标申请人提出的疑问应当予以澄清并以书面形式发送给所有的招标文件收受人。

第十七条 招标人不得向他人透露已获取招标文件的潜在投标人的名称、数量以及可能影响公平竞争的有关招标投标的其他情况。

招标人设有标底的，标底必须保密。

第十八条 在确定中标人前，招标人不得与投标人就投标价格、投标方案等实质内容进行谈判。

第十九条 通过招标投标方式选择物业管理企业的，招标人应当按照以下规定时限完成物业管理招标投标工作：

（一）新建现售商品房项目应当在现售前30日完成；

（二）预售商品房项目应当在取得《商品房预售许可证》之前完成；

（三）非出售的新建物业项目应当在交付使用前90日完成。

第三章 投 标

第二十条 本办法所称投标人是指响应前期物业管理招标、参与投标竞争的物业管理企业。

投标人应当具有相应的物业管理企业资质和招标文件要求的其他条件。

第二十一条 投标人对招标文件有疑问需要澄清的，应当以书面形式向招标人提出。

第二十二条 投标人应当按照招标文件的内容和要求编制投标文件，投标文件应当对招标文件提出的实质性要求和条件作出响应。

投标文件应当包括以下内容：

（一）投标函；

（二）投标报价；

（三）物业管理方案；

（四）招标文件要求提供的其他材料。

第二十三条 投标人应当在招标文件要求提交投标文件的截止时间前，将投标文件密封送达投标地点。招标人收到投标文件后，应当向投标人出具标明签收人和签收时间的凭证，并妥善保存投标文件。在开标前，任何单位和个人均不得开启投标文件。在招标文件要求提交投标文件的截止时间后送达的投标文件，为无效的投标文件，招标人应当拒收。

第二十四条 投标人在招标文件要求提交投标文件的截止时间前，可以补充、修改或者撤回已提交的投标文件，并书面通知招标人。补充、修改的内容为投标文件的组成部分，并应当按照本办法第二十三条的规定送达、签收和保管。在招标文件要求提交投标文件的截止时间后送达的补充或者修改的内容无效。

第二十五条 投标人不得以他人名义投标或者以其他方式弄虚作假，骗取中标。

投标人不得相互串通投标，不得排挤其他投标人的公平竞争，不得损害招标人或者其他投标人的合法权益。

投标人不得与招标人串通投标，损害国家利益、社会公共利益或者他人的合法权益。

禁止投标人以向招标人或者评标委员会成员行贿等不正当手段谋取中标。

第四章　开标、评标和中标

第二十六条　开标应当在招标文件确定的提交投标文件截止时间的同一时间公开进行；开标地点应当为招标文件中预先确定的地点。

第二十七条　开标由招标人主持，邀请所有投标人参加。开标应当按照下列规定进行：

由投标人或者其推选的代表检查投标文件的密封情况，也可以由招标人委托的公证机构进行检查并公证。经确认无误后，由工作人员当众拆封，宣读投标人名称、投标价格和投标文件的其他主要内容。

招标人在招标文件要求提交投标文件的截止时间前收到的所有投标文件，开标时都应当当众予以拆封。

开标过程应当记录，并由招标人存档备查。

第二十八条　评标由招标人依法组建的评标委员会负责。

评标委员会由招标人代表和物业管理方面的专家组成，成员为5人以上单数，其中招标人代表以外的物业管理方面的专家不得少于成员总数的三分之二。

评标委员会的专家成员，应当由招标人从房地产行政主管部门建立的专家名册中采取随机抽取的方式确定。

与投标人有利害关系的人不得进入相关项目的评标委员会。

第二十九条　房地产行政主管部门应当建立评标的专家名册。省、自治区、直辖市人民政府房地产行政主管部门可以将专家数量少的城市的专家名册予以合并或者实行专家名册计算机联网。

房地产行政主管部门应当对进入专家名册的专家进行有关法律和业务培训，对其评标能力、廉洁公正等进行综合考评，及时取消不称职或者违法违规人员的评标专家资格。被取消评标专家资格的人员，不得再参加任何评标活动。

第三十条 评标委员会成员应当认真、公正、诚实、廉洁地履行职责。

评标委员会成员不得与任何投标人或者与招标结果有利害关系的人进行私下接触，不得收受投标人、中介人、其他利害关系人的财物或者其他好处。

评标委员会成员和与评标活动有关的工作人员不得透露对投标文件的评审和比较、中标候选人的推荐情况以及与评标有关的其他情况。

前款所称与评标活动有关的工作人员，是指评标委员会成员以外的因参与评标监督工作或者事务性工作而知悉有关评标情况的所有人员。

第三十一条 评标委员会可以用书面形式要求投标人对投标文件中含义不明确的内容作必要的澄清或者说明。投标人应当采用书面形式进行澄清或者说明，其澄清或者说明不得超出投标文件的范围或者改变投标文件的实质性内容。

第三十二条 在评标过程中召开现场答辩会的，应当事先在招标文件中说明，并注明所占的评分比重。

评标委员会应当按照招标文件的评标要求，根据标书评分、现场答辩等情况进行综合评标。

除了现场答辩部分外，评标应当在保密的情况下进行。

第三十三条 评标委员会应当按照招标文件确定的评标标准和方法，对投标文件进行评审和比较，并对评标结果签字确认。

第三十四条 评标委员会经评审，认为所有投标文件都不符合招标文件要求的，可以否决所有投标。

依法必须进行招标的物业管理项目的所有投标被否决的，招标人应当重新招标。

第三十五条 评标委员会完成评标后，应当向招标人提出书面评标报告，阐明评标委员会对各投标文件的评审和比较意见，并按照招标文件规定的评标标准和评标方法，推荐不超过 3 名有排序的合格的中标候选人。

招标人应当按照中标候选人的排序确定中标人。当确定中标的中标候选人放弃中标或者因不可抗力提出不能履行合同的，招标人可以依序确定其他中标候选人为中标人。

第三十六条 招标人应当在投标有效期截止时限30日前确定中标人。投标有效期应当在招标文件中载明。

第三十七条 招标人应当向中标人发出中标通知书，同时将中标结果通知所有未中标的投标人，并应当返还其投标书。

招标人应当自确定中标人之日起15日内，向物业项目所在地的县级以上地方人民政府房地产行政主管部门备案。备案资料应当包括开标评标过程、确定中标人的方式及理由、评标委员会的评标报告、中标人的投标文件等资料。委托代理招标的，还应当附招标代理委托合同。

第三十八条 招标人和中标人应当自中标通知书发出之日起30日内，按照招标文件和中标人的投标文件订立书面合同；招标人和中标人不得再行订立背离合同实质性内容的其他协议。

第三十九条 招标人无正当理由不与中标人签订合同，给中标人造成损失的，招标人应当给予赔偿。

第五章 附 则

第四十条 投标人和其他利害关系人认为招标投标活动不符合本办法有关规定的，有权向招标人提出异议，或者依法向有关部门投诉。

第四十一条 招标文件或者投标文件使用两种以上语言文字的，必须有一种是中文；如对不同文本的解释发生异议的，以中文文本为准。用文字表示的数额与数字表示的金额不一致的，以文字表示的金额为准。

第四十二条 本办法第三条规定住宅规模较小的，经物业所在地的区、县人民政府房地产行政主管部门批准，可以采用协议方式选聘物业管理企业的，其规模标准由省、自治区、直辖市人民政府房地产行政主管部门确定。

第四十三条 业主和业主大会通过招投标的方式选聘具有相应资质的物业管理企业的，参照本办法执行。

第四十四条 本办法自2003年9月1日起施行。

物业承接查验办法

（2010年10月14日 建房〔2010〕165号）

第一条 为了规范物业承接查验行为，加强前期物业管理活动的指导和监督，维护业主的合法权益，根据《中华人民共和国物权法》、《中华人民共和国合同法》和《物业管理条例》等法律法规的规定，制定本办法。

第二条 本办法所称物业承接查验，是指承接新建物业前，物业服务企业和建设单位按照国家有关规定和前期物业服务合同的约定，共同对物业共用部位、共用设施设备进行检查和验收的活动。

第三条 物业承接查验应当遵循诚实信用、客观公正、权责分明以及保护业主共有财产的原则。

第四条 鼓励物业服务企业通过参与建设工程的设计、施工、分户验收和竣工验收等活动，向建设单位提供有关物业管理的建议，为实施物业承接查验创造有利条件。

第五条 国务院住房和城乡建设主管部门负责全国物业承接查验活动的指导和监督工作。

县级以上地方人民政府房地产行政主管部门负责本行政区域内物业承接查验活动的指导和监督工作。

第六条 建设单位与物业买受人签订的物业买卖合同，应当约定其所交付物业的共用部位、共用设施设备的配置和建设标准。

第七条 建设单位制定的临时管理规约，应当对全体业主同意授权物业服务企业代为查验物业共用部位、共用设施设备的事项作出约定。

第八条 建设单位与物业服务企业签订的前期物业服务合同，应当包含物业承接查验的内容。

前期物业服务合同就物业承接查验的内容没有约定或者约定不明确的，建设单位与物业服务企业可以协议补充。

不能达成补充协议的，按照国家标准、行业标准履行；没有国家标准、行业标准的，按照通常标准或者符合合同目的的特定标准履行。

第九条 建设单位应当按照国家有关规定和物业买卖合同的约定，移交权属明确、资料完整、质量合格、功能完备、配套齐全的物业。

第十条 建设单位应当在物业交付使用15日前，与选聘的物业服务企业完成物业共用部位、共用设施设备的承接查验工作。

第十一条 实施承接查验的物业，应当具备以下条件：

（一）建设工程竣工验收合格，取得规划、消防、环保等主管部门出具的认可或者准许使用文件，并经建设行政主管部门备案；

（二）供水、排水、供电、供气、供热、通信、公共照明、有线电视等市政公用设施设备按规划设计要求建成，供水、供电、供气、供热已安装独立计量表具；

（三）教育、邮政、医疗卫生、文化体育、环卫、社区服务等公共服务设施已按规划设计要求建成；

（四）道路、绿地和物业服务用房等公共配套设施按规划设计要求建成，并满足使用功能要求；

（五）电梯、二次供水、高压供电、消防设施、压力容器、电子监控系统等共用设施设备取得使用合格证书；

（六）物业使用、维护和管理的相关技术资料完整齐全；

（七）法律、法规规定的其他条件。

第十二条 实施物业承接查验，主要依据下列文件：

（一）物业买卖合同；

（二）临时管理规约；

（三）前期物业服务合同；

（四）物业规划设计方案；

（五）建设单位移交的图纸资料；

（六）建设工程质量法规、政策、标准和规范。

第十三条 物业承接查验按照下列程序进行：

（一）确定物业承接查验方案；

（二）移交有关图纸资料；

（三）查验共用部位、共用设施设备；

（四）解决查验发现的问题；

（五）确认现场查验结果；

（六）签订物业承接查验协议；

（七）办理物业交接手续。

第十四条 现场查验20日前，建设单位应当向物业服务企业移交下列资料：

（一）竣工总平面图，单体建筑、结构、设备竣工图，配套设施、地下管网工程竣工图等竣工验收资料；

（二）共用设施设备清单及其安装、使用和维护保养等技术资料；

（三）供水、供电、供气、供热、通信、有线电视等准许使用文件；

（四）物业质量保修文件和物业使用说明文件；

（五）承接查验所必需的其他资料。

未能全部移交前款所列资料的，建设单位应当列出未移交资料的详细清单并书面承诺补交的具体时限。

第十五条 物业服务企业应当对建设单位移交的资料进行清点和核查，重点核查共用设施设备出厂、安装、试验和运行的合格证明文件。

第十六条 物业服务企业应当对下列物业共用部位、共用设施设备进行现场检查和验收：

（一）共用部位：一般包括建筑物的基础、承重墙体、柱、梁、楼板、屋顶以及外墙、门厅、楼梯间、走廊、楼道、扶手、护栏、电梯井道、架空层及设备间等；

（二）共用设备：一般包括电梯、水泵、水箱、避雷设施、消防设备、楼道灯、电视天线、发电机、变配电设备、给排水管线、电线、供暖及空调设备等；

（三）共用设施：一般包括道路、绿地、人造景观、围墙、大门、信报箱、宣传栏、路灯、排水沟、渠、池、污水井、化粪池、垃圾容器、污水处理设施、机动车（非机动车）停车设施、休闲娱乐设施、消防设施、安防监控设施、人防设施、垃圾转运设施以及物业服务用房等。

第十七条 建设单位应当依法移交有关单位的供水、供电、供气、供热、通信和有线电视等共用设施设备，不作为物业服务企业现场检查和验收的内容。

第十八条 现场查验应当综合运用核对、观察、使用、检测和试验等方法，重点查验物业共用部位、共用设施设备的配置标准、外观质量和使用功能。

第十九条 现场查验应当形成书面记录。查验记录应当包括查验时间、项目名称、查验范围、查验方法、存在问题、修复情况以及查验结论等内容，查验记录应当由建设单位和物业服务企业参加查验的人员签字确认。

第二十条 现场查验中，物业服务企业应当将物业共用部位、共用设施设备的数量和质量不符合约定或者规定的情形，书面通知建设单位，建设单位应当及时解决并组织物业服务企业复验。

第二十一条 建设单位应当委派专业人员参与现场查验，与物业服务企业共同确认现场查验的结果，签订物业承接查验协议。

第二十二条 物业承接查验协议应当对物业承接查验基本情况、存在问题、解决方法及其时限、双方权利义务、违约责任等事项作出明确约定。

第二十三条 物业承接查验协议作为前期物业服务合同的补充

协议，与前期物业服务合同具有同等法律效力。

第二十四条 建设单位应当在物业承接查验协议签订后10日内办理物业交接手续，向物业服务企业移交物业服务用房以及其他物业共用部位、共用设施设备。

第二十五条 物业承接查验协议生效后，当事人一方不履行协议约定的交接义务，导致前期物业服务合同无法履行的，应当承担违约责任。

第二十六条 交接工作应当形成书面记录。交接记录应当包括移交资料明细、物业共用部位、共用设施设备明细、交接时间、交接方式等内容。交接记录应当由建设单位和物业服务企业共同签章确认。

第二十七条 分期开发建设的物业项目，可以根据开发进度，对符合交付使用条件的物业分期承接查验。建设单位与物业服务企业应当在承接最后一期物业时，办理物业项目整体交接手续。

第二十八条 物业承接查验费用的承担，由建设单位和物业服务企业在前期物业服务合同中约定。没有约定或者约定不明确的，由建设单位承担。

第二十九条 物业服务企业应当自物业交接后30日内，持下列文件向物业所在地的区、县（市）房地产行政主管部门办理备案手续：

（一）前期物业服务合同；

（二）临时管理规约；

（三）物业承接查验协议；

（四）建设单位移交资料清单；

（五）查验记录；

（六）交接记录；

（七）其他承接查验有关的文件。

第三十条 建设单位和物业服务企业应当将物业承接查验备案情况书面告知业主。

第三十一条 物业承接查验可以邀请业主代表以及物业所在地

房地产行政主管部门参加，可以聘请相关专业机构协助进行，物业承接查验的过程和结果可以公证。

第三十二条 物业交接后，建设单位未能按照物业承接查验协议的约定，及时解决物业共用部位、共用设施设备存在的问题，导致业主人身、财产安全受到损害的，应当依法承担相应的法律责任。

第三十三条 物业交接后，发现隐蔽工程质量问题，影响房屋结构安全和正常使用的，建设单位应当负责修复；给业主造成经济损失的，建设单位应当依法承担赔偿责任。

第三十四条 自物业交接之日起，物业服务企业应当全面履行前期物业服务合同约定的、法律法规规定的以及行业规范确定的维修、养护和管理义务，承担因管理服务不当致使物业共用部位、共用设施设备毁损或者灭失的责任。

第三十五条 物业服务企业应当将承接查验有关的文件、资料和记录建立档案并妥善保管。

物业承接查验档案属于全体业主所有。前期物业服务合同终止，业主大会选聘新的物业服务企业的，原物业服务企业应当在前期物业服务合同终止之日起 10 日内，向业主委员会移交物业承接查验档案。

第三十六条 建设单位应当按照国家规定的保修期限和保修范围，承担物业共用部位、共用设施设备的保修责任。

建设单位可以委托物业服务企业提供物业共用部位、共用设施设备的保修服务，服务内容和费用由双方约定。

第三十七条 建设单位不得凭借关联关系滥用股东权利，在物业承接查验中免除自身责任，加重物业服务企业的责任，损害物业买受人的权益。

第三十八条 建设单位不得以物业交付期限届满为由，要求物业服务企业承接不符合交用条件或者未经查验的物业。

第三十九条 物业服务企业擅自承接未经查验的物业，因物业共用部位、共用设施设备缺陷给业主造成损害的，物业服务企业应当承担相应的赔偿责任。

第四十条 建设单位与物业服务企业恶意串通、弄虚作假，在物业承接查验活动中共同侵害业主利益的，双方应当共同承担赔偿责任。

第四十一条 物业承接查验活动，业主享有知情权和监督权。物业所在地房地产行政主管部门应当及时处理业主对建设单位和物业服务企业承接查验行为的投诉。

第四十二条 建设单位、物业服务企业未按本办法履行承接查验义务的，由物业所在地房地产行政主管部门责令限期改正；逾期仍不改正的，作为不良经营行为记入企业信用档案，并予以通报。

第四十三条 建设单位不移交有关承接查验资料的，由物业所在地房地产行政主管部门责令限期改正；逾期仍不移交的，对建设单位予以通报，并按照《物业管理条例》第五十九条的规定处罚。

第四十四条 物业承接查验中发生的争议，可以申请物业所在地房地产行政主管部门调解，也可以委托有关行业协会调解。

第四十五条 前期物业服务合同终止后，业主委员会与业主大会选聘的物业服务企业之间的承接查验活动，可以参照执行本办法。

第四十六条 省、自治区、直辖市人民政府住房和城乡建设主管部门可以依据本办法，制定实施细则。

第四十七条 本办法由国务院住房和城乡建设主管部门负责解释。

第四十八条 本办法自2011年1月1日起施行。

物业服务收费管理办法

（2003年11月13日 发改价格〔2003〕1864号）

第一条 为规范物业服务收费行为，保障业主和物业管理企业的合法权益，根据《中华人民共和国价格法》和《物业管理条例》，制定本办法。

第二条 本办法所称物业服务收费，是指物业管理企业按照物业服务合同的约定，对房屋及配套的设施设备和相关场地进行维修、养护、管理，维护相关区域内的环境卫生和秩序，向业主所收取的费用。

第三条 国家提倡业主通过公开、公平、公正的市场竞争机制选择物业管理企业；鼓励物业管理企业开展正当的价格竞争，禁止价格欺诈，促进物业服务收费通过市场竞争形成。

第四条 国务院价格主管部门会同国务院建设行政主管部门负责全国物业服务收费的监督管理工作。

县级以上地方人民政府价格主管部门会同同级房地产行政主管部门负责本行政区域内物业服务收费的监督管理工作。

第五条 物业服务收费应当遵循合理、公开以及费用与服务水平相适应的原则。

第六条 物业服务收费应当区分不同物业的性质和特点分别实行政府指导价和市场调节价。具体定价形式由省、自治区、直辖市人民政府价格主管部门会同房地产行政主管部门确定。

第七条 物业服务收费实行政府指导价的，有定价权限的人民政府价格主管部门应当会同房地产行政主管部门根据物业管理服务等级标准等因素，制定相应的基准价及其浮动幅度，并定期公布。具体收费标准由业主与物业管理企业根据规定的基准价和浮动幅度在物业服务合同中约定。

实行市场调节价的物业服务收费，由业主与物业管理企业在物业服务合同中约定。

第八条 物业管理企业应当按照政府价格主管部门的规定实行明码标价，在物业管理区域内的显著位置，将服务内容、服务标准以及收费项目、收费标准等有关情况进行公示。

第九条 业主与物业管理企业可以采取包干制或者酬金制等形式约定物业服务费用。

包干制是指由业主向物业管理企业支付固定物业服务费用，盈余或者亏损均由物业管理企业享有或者承担的物业服务计费方式。

酬金制是指在预收的物业服务资金中按约定比例或者约定数额

提取酬金支付给物业管理企业，其余全部用于物业服务合同约定的支出，结余或者不足均由业主享有或者承担的物业服务计费方式。

第十条 建设单位与物业买受人签订的买卖合同，应当约定物业管理服务内容、服务标准、收费标准、计费方式及计费起始时间等内容，涉及物业买受人共同利益的约定应当一致。

第十一条 实行物业服务费用包干制的，物业服务费用的构成包括物业服务成本、法定税费和物业管理企业的利润。

实行物业服务费用酬金制的，预收的物业服务资金包括物业服务支出和物业管理企业的酬金。

物业服务成本或者物业服务支出构成一般包括以下部分：

1. 管理服务人员的工资、社会保险和按规定提取的福利费等；
2. 物业共用部位、共用设施设备的日常运行、维护费用；
3. 物业管理区域清洁卫生费用；
4. 物业管理区域绿化养护费用；
5. 物业管理区域秩序维护费用；
6. 办公费用；
7. 物业管理企业固定资产折旧；
8. 物业共用部位、共用设施设备及公众责任保险费用；
9. 经业主同意的其他费用。

物业共用部位、共用设施设备的大修、中修和更新、改造费用，应当通过专项维修资金予以列支，不得计入物业服务支出或者物业服务成本。

第十二条 实行物业服务费用酬金制的，预收的物业服务支出属于代管性质，为所交纳的业主所有，物业管理企业不得将其用于物业服务合同约定以外的支出。

物业管理企业应当向业主大会或者全体业主公布物业服务资金年度预决算并每年不少于一次公布物业服务资金的收支情况。

业主或者业主大会对公布的物业服务资金年度预决算和物业服务资金的收支情况提出质询时，物业管理企业应当及时答复。

第十三条 物业服务收费采取酬金制方式，物业管理企业或者业主大会可以按照物业服务合同约定聘请专业机构对物业服务资金年度预决算和物业服务资金的收支情况进行审计。

第十四条 物业管理企业在物业服务中应当遵守国家的价格法律法规，严格履行物业服务合同，为业主提供质价相符的服务。

第十五条 业主应当按照物业服务合同的约定按时足额交纳物业服务费用或者物业服务资金。业主违反物业服务合同约定逾期不交纳服务费用或者物业服务资金的，业主委员会应当督促其限期交纳；逾期仍不交纳的，物业管理企业可以依法追缴。

业主与物业使用人约定由物业使用人交纳物业服务费用或者物业服务资金的，从其约定，业主负连带交纳责任。

物业发生产权转移时，业主或者物业使用人应当结清物业服务费用或者物业服务资金。

第十六条 纳入物业管理范围的已竣工但尚未出售，或者因开发建设单位原因未按时交给物业买受人的物业，物业服务费用或者物业服务资金由开发建设单位全额交纳。

第十七条 物业管理区域内，供水、供电、供气、供热、通讯、有线电视等单位应当向最终用户收取有关费用。物业管理企业接受委托代收上述费用的，可向委托单位收取手续费，不得向业主收取手续费等额外费用。

第十八条 利用物业共用部位、共用设施设备进行经营的，应当在征得相关业主、业主大会、物业管理企业的同意后，按照规定办理有关手续。业主所得收益应当主要用于补充专项维修资金，也可以按照业主大会的决定使用。

第十九条 物业管理企业已接受委托实施物业服务并相应收取服务费用的，其他部门和单位不得重复收取性质和内容相同的费用。

第二十条 物业管理企业根据业主的委托提供物业服务合同约定以外的服务，服务收费由双方约定。

第二十一条 政府价格主管部门会同房地产行政主管部门，应当加强对物业管理企业的服务内容、标准和收费项目、标准的监督。物业管理企业违反价格法律、法规和规定，由政府价格主管部门依据《中华人民共和国价格法》和《价格违法行为行政处罚规定》予以处罚。

第二十二条 各省、自治区、直辖市人民政府价格主管部门、房地产行政主管部门可以依据本办法制定具体实施办法，并报国家发展和改革委员会、建设部备案。

第二十三条 本办法由国家发展和改革委员会会同建设部负责解释。

第二十四条 本办法自2004年1月1日起执行，原国家计委、建设部印发的《城市住宅小区物业管理服务收费暂行办法》（计价费〔1996〕266号）同时废止。

物业服务收费明码标价规定

（2004年7月19日 发改价检〔2004〕1428号）

第一条 为进一步规范物业服务收费行为，提高物业服务收费透明度，维护业主和物业管理企业的合法权益，促进物业管理行业的健康发展，根据《中华人民共和国价格法》、《物业管理条例》和《关于商品和服务实行明码标价的规定》，制定本规定。

第二条 物业管理企业向业主提供服务（包括按照物业服务合同约定提供物业服务以及根据业主委托提供物业服务合同约定以外的服务），应当按照本规定实行明码标价，标明服务项目、收费标准等有关情况。

第三条 物业管理企业实行明码标价，应当遵循公开、公平和诚实信用的原则，遵守国家价格法律、法规、规章和政策。

第四条 政府价格主管部门应当会同同级房地产主管部门对物业服务收费明码标价进行管理。政府价格主管部门对物业管理企业执行明码标价规定的情况实施监督检查。

第五条 物业管理企业实行明码标价应当做到价目齐全，内容真实，标示醒目，字迹清晰。

第六条 物业服务收费明码标价的内容包括：物业管理企业名称、收费对象、服务内容、服务标准、计费方式、计费起始时间、收费项目、收费标准、价格管理形式、收费依据、价格举报电话12358等。

实行政府指导价的物业服务收费应当同时标明基准收费标准、浮动幅度，以及实际收费标准。

第七条 物业管理企业在其服务区域内的显著位置或收费地点，可采取公示栏、公示牌、收费表、收费清单、收费手册、多媒体终端查询等方式实行明码标价。

第八条 物业管理企业接受委托代收供水、供电、供气、供热、通讯、有线电视等有关费用的，也应当依照本规定第六条、第七条的有关内容和方式实行明码标价。

第九条 物业管理企业根据业主委托提供的物业服务合同约定以外的服务项目，其收费标准在双方约定后应当以适当的方式向业主进行明示。

第十条 实行明码标价的物业服务收费的标准等发生变化时，物业管理企业应当在执行新标准前一个月，将所标示的相关内容进行调整，并应标示新标准开始实行的日期。

第十一条 物业管理企业不得利用虚假的或者使人误解的标价内容、标价方式进行价格欺诈。不得在标价之外，收取任何未予标明的费用。

第十二条 对物业管理企业不按规定明码标价或者利用标价进行价格欺诈的行为，由政府价格主管部门依照《中华人民共和国价格法》、《价格违法行为行政处罚规定》、《关于商品和服务实行明码标价的规定》、《禁止价格欺诈行为的规定》进行处罚。

第十三条 本规定自2004年10月1日起施行。

物业服务定价成本监审办法（试行）

（2007年9月10日　发改价格〔2007〕2285号）

第一条　为提高政府制定物业服务收费的科学性、合理性，根据《政府制定价格成本监审办法》、《物业服务收费管理办法》等有关规定，制定本办法。

第二条　本办法适用于政府价格主管部门制定或者调整实行政府指导价的物业服务收费标准，对相关物业服务企业实施定价成本监审的行为。

本办法所称物业服务，是指物业服务企业按照物业服务合同的约定，对房屋及配套的设施设备和相关场地进行维修、养护、管理，维护物业管理区域内的环境卫生和秩序的活动。

本办法所称物业服务定价成本，是指价格主管部门核定的物业服务社会平均成本。

第三条　物业服务定价成本监审工作由政府价格主管部门负责组织实施，房地产主管部门应当配合价格主管部门开展工作。

第四条　在本行政区域内物业服务企业数量众多的，可以选取一定数量、有代表性的物业服务企业进行成本监审。

第五条　物业服务定价成本监审应当遵循以下原则：

（一）合法性原则。计入定价成本的费用应当符合有关法律、行政法规和国家统一的会计制度的规定。

（二）相关性原则。计入定价成本的费用应当为与物业服务直接相关或者间接相关的费用。

（三）对应性原则。计入定价成本的费用应当与物业服务内容及服务标准相对应。

（四）合理性原则。影响物业服务定价成本各项费用的主要技术、经济指标应当符合行业标准或者社会公允水平。

第六条 核定物业服务定价成本，应当以经会计师事务所审计的年度财务会计报告、原始凭证与账册或者物业服务企业提供的真实、完整、有效的成本资料为基础。

第七条 物业服务定价成本由人员费用、物业共用部位共用设施设备日常运行和维护费用、绿化养护费用、清洁卫生费用、秩序维护费用、物业共用部位共用设施设备及公众责任保险费用、办公费用、管理费分摊、固定资产折旧以及经业主同意的其它费用组成。

第八条 人员费用是指管理服务人员工资、按规定提取的工会经费、职工教育经费，以及根据政府有关规定应当由物业服务企业缴纳的住房公积金和养老、医疗、失业、工伤、生育保险等社会保险费用。

第九条 物业共用部位共用设施设备日常运行和维护费用是指为保障物业管理区域内共用部位共用设施设备的正常使用和运行、维护保养所需的费用。不包括保修期内应由建设单位履行保修责任而支出的维修费、应由住宅专项维修资金支出的维修和更新、改造费用。

第十条 绿化养护费是指管理、养护绿化所需的绿化工具购置费、绿化用水费、补苗费、农药化肥费等。不包括应由建设单位支付的种苗种植费和前期维护费。

第十一条 清洁卫生费是指保持物业管理区域内环境卫生所需的购置工具费、消杀防疫费、化粪池清理费、管道疏通费、清洁用料费、环卫所需费用等。

第十二条 秩序维护费是指维护物业管理区域秩序所需的器材装备费、安全防范人员的人身保险费及由物业服务企业支付的服装费等。其中器材装备不包括共用设备中已包括的监控设备。

第十三条 物业共用部位共用设施设备及公众责任保险费用是指物业管理企业购买物业共用部位共用设施设备及公众责任保险所支付的保险费用，以物业服务企业与保险公司签订的保险单和所交纳的保险费为准。

第十四条 办公费是指物业服务企业为维护管理区域正常的物

业管理活动所需的办公用品费、交通费、房租、水电费、取暖费、通讯费、书报费及其他费用。

第十五条 管理费分摊是指物业服务企业在管理多个物业项目情况下，为保证相关的物业服务正常运转而由各物业服务小区承担的管理费用。

第十六条 固定资产折旧是指按规定折旧方法计提的物业服务固定资产的折旧金额。物业服务固定资产指在物业服务小区内由物业服务企业拥有的、与物业服务直接相关的、使用年限在一年以上的资产。

第十七条 经业主同意的其它费用是指业主或者业主大会按规定同意由物业服务费开支的费用。

第十八条 物业服务定价成本相关项目按本办法第十九条至第二十二条规定的方法和标准审核。

第十九条 工会经费、职工教育经费、住房公积金以及医疗保险费、养老保险费、失业保险费、工伤保险费、生育保险费等社会保险费的计提基数按照核定的相应工资水平确定；工会经费、职工教育经费的计提比例按国家统一规定的比例确定，住房公积金和社会保险费的计提比例按当地政府规定比例确定，超过规定计提比例的不得计入定价成本。医疗保险费用应在社会保险费中列支，不得在其它项目中重复列支；其他应在工会经费和职工教育经费中列支的费用，也不得在相关费用项目中重复列支。

第二十条 固定资产折旧采用年限平均法，折旧年限根据固定资产的性质和使用情况合理确定。企业确定的固定资产折旧年限明显低于实际可使用年限的，成本监审时应当按照实际可使用年限调整折旧年限。固定资产残值率按3%—5%计算；个别固定资产残值较低或者较高的，按照实际情况合理确定残值率。

第二十一条 物业服务企业将专业性较强的服务内容外包给有关专业公司的，该项服务的成本按照外包合同所确定的金额核定。

第二十二条 物业服务企业只从事物业服务的，其所发生费用按其所管辖的物业项目的物业服务计费面积或者应收物业服务费加权分摊；物业服务企业兼营其它业务的，应先按实现收入的比重在其它业务和物业服务之间分摊，然后按上述方法在所管辖的各物业项目之间分摊。

第二十三条 本办法未具体规定审核标准的其他费用项目按照有关财务制度和政策规定审核，原则上据实核定，但应符合一定范围内社会公允的平均水平。

第二十四条 各省、自治区、直辖市价格主管部门可根据本办法，结合本地实际制定具体实施细则。

第二十五条 本办法由国家发展和改革委员会解释。

第二十六条 本办法自2007年10月1日起施行。

附： 物业服务定价成本监审表（略）

保安服务管理条例

（2009年10月13日中华人民共和国国务院令第564号公布 根据2020年11月29日《国务院关于修改和废止部分行政法规的决定》第一次修订 根据2022年3月29日《国务院关于修改和废止部分行政法规的决定》第二次修订）

第一章 总 则

第一条 为了规范保安服务活动，加强对从事保安服务的单位和保安员的管理，保护人身安全和财产安全，维护社会治安，制定本条例。

第二条 本条例所称保安服务是指：

（一）保安服务公司根据保安服务合同，派出保安员为客户单位提供的门卫、巡逻、守护、押运、随身护卫、安全检查以及安全技术防范、安全风险评估等服务；

（二）机关、团体、企业、事业单位招用人员从事的本单位门卫、巡逻、守护等安全防范工作；

（三）物业服务企业招用人员在物业管理区域内开展的门卫、巡逻、秩序维护等服务。

前款第（二）项、第（三）项中的机关、团体、企业、事业单位和物业服务企业，统称自行招用保安员的单位。

第三条 国务院公安部门负责全国保安服务活动的监督管理工作。县级以上地方人民政府公安机关负责本行政区域内保安服务活动的监督管理工作。

保安服务行业协会在公安机关的指导下，依法开展保安服务行业自律活动。

第四条 保安服务公司和自行招用保安员的单位（以下统称保安从业单位）应当建立健全保安服务管理制度、岗位责任制度和保安员管理制度，加强对保安员的管理、教育和培训，提高保安员的职业道德水平、业务素质和责任意识。

第五条 保安从业单位应当依法保障保安员在社会保险、劳动用工、劳动保护、工资福利、教育培训等方面的合法权益。

第六条 保安服务活动应当文明、合法，不得损害社会公共利益或者侵犯他人合法权益。

保安员依法从事保安服务活动，受法律保护。

第七条 对在保护公共财产和人民群众生命财产安全、预防和制止违法犯罪活动中有突出贡献的保安从业单位和保安员，公安机关和其他有关部门应当给予表彰、奖励。

第二章 保安服务公司

第八条 保安服务公司应当具备下列条件：

（一）有不低于人民币100万元的注册资本；

（二）拟任的保安服务公司法定代表人和主要管理人员应当具备任职所需的专业知识和有关业务工作经验，无被刑事处罚、劳动教养、收容教育、强制隔离戒毒或者被开除公职、开除军籍等不良记录；

（三）有与所提供的保安服务相适应的专业技术人员，其中法律、行政法规有资格要求的专业技术人员，应当取得相应的资格；

（四）有住所和提供保安服务所需的设施、装备；

（五）有健全的组织机构和保安服务管理制度、岗位责任制度、保安员管理制度。

第九条 申请设立保安服务公司，应当向所在地设区的市级人民政府公安机关提交申请书以及能够证明其符合本条例第八条规定条件的材料。

受理的公安机关应当自收到申请材料之日起 15 日内进行审核，并将审核意见报所在地的省、自治区、直辖市人民政府公安机关。省、自治区、直辖市人民政府公安机关应当自收到审核意见之日起 15 日内作出决定，对符合条件的，核发保安服务许可证；对不符合条件的，书面通知申请人并说明理由。

第十条 从事武装守护押运服务的保安服务公司，应当符合国务院公安部门对武装守护押运服务的规划、布局要求，具备本条例第八条规定的条件，并符合下列条件：

（一）有不低于人民币 1000 万元的注册资本；

（二）国有独资或者国有资本占注册资本总额的 51%以上；

（三）有符合《专职守护押运人员枪支使用管理条例》规定条件的守护押运人员；

（四）有符合国家标准或者行业标准的专用运输车辆以及通信、报警设备。

第十一条 申请设立从事武装守护押运服务的保安服务公司，应当向所在地设区的市级人民政府公安机关提交申请书以及能够证明其符合本条例第八条、第十条规定条件的材料。保安服务公司申请增设武装守护押运业务的，无需再次提交证明其符合本条例第八条规定条件的材料。

受理的公安机关应当自收到申请材料之日起 15 日内进行审核，并将审核意见报所在地的省、自治区、直辖市人民政府公安机关。

省、自治区、直辖市人民政府公安机关应当自收到审核意见之日起15日内作出决定，对符合条件的，核发从事武装守护押运业务的保安服务许可证或者在已有的保安服务许可证上增注武装守护押运服务；对不符合条件的，书面通知申请人并说明理由。

第十二条 取得保安服务许可证的申请人，凭保安服务许可证到工商行政管理机关办理工商登记。取得保安服务许可证后超过6个月未办理工商登记的，取得的保安服务许可证失效。

保安服务公司设立分公司的，应当向分公司所在地设区的市级人民政府公安机关备案。备案应当提供总公司的保安服务许可证和工商营业执照，总公司法定代表人、分公司负责人和保安员的基本情况。

保安服务公司的法定代表人变更的，应当经原审批公安机关审核，持审核文件到工商行政管理机关办理变更登记。

第三章　自行招用保安员的单位

第十三条 自行招用保安员的单位应当具有法人资格，有符合本条例规定条件的保安员，有健全的保安服务管理制度、岗位责任制度和保安员管理制度。

娱乐场所应当依照《娱乐场所管理条例》的规定，从保安服务公司聘用保安员，不得自行招用保安员。

第十四条 自行招用保安员的单位，应当自开始保安服务之日起30日内向所在地设区的市级人民政府公安机关备案，备案应当提供下列材料：

（一）法人资格证明；

（二）法定代表人（主要负责人）、分管负责人和保安员的基本情况；

（三）保安服务区域的基本情况；

（四）建立保安服务管理制度、岗位责任制度、保安员管理制度的情况。

自行招用保安员的单位不再招用保安员进行保安服务的，应当自停止保安服务之日起30日内到备案的公安机关撤销备案。

第十五条 自行招用保安员的单位不得在本单位以外或者物业管理区域以外提供保安服务。

第四章 保 安 员

第十六条 年满18周岁，身体健康，品行良好，具有初中以上学历的中国公民可以申领保安员证，从事保安服务工作。申请人经设区的市级人民政府公安机关考试、审查合格并留存指纹等人体生物信息的，发给保安员证。

提取、留存保安员指纹等人体生物信息的具体办法，由国务院公安部门规定。

第十七条 有下列情形之一的，不得担任保安员：

（一）曾被收容教育、强制隔离戒毒、劳动教养或者3次以上行政拘留的；

（二）曾因故意犯罪被刑事处罚的；

（三）被吊销保安员证未满3年的；

（四）曾两次被吊销保安员证的。

第十八条 保安从业单位应当招用符合保安员条件的人员担任保安员，并与被招用的保安员依法签订劳动合同。保安从业单位及其保安员应当依法参加社会保险。

保安从业单位应当根据保安服务岗位需要定期对保安员进行法律、保安专业知识和技能培训。

第十九条 保安从业单位应当定期对保安员进行考核，发现保安员不合格或者严重违反管理制度，需要解除劳动合同的，应当依法办理。

第二十条 保安从业单位应当根据保安服务岗位的风险程度为保安员投保意外伤害保险。

保安员因工伤亡的，依照国家有关工伤保险的规定享受工伤保险待遇；保安员牺牲被批准为烈士的，依照国家有关烈士褒扬的规定享受抚恤优待。

第五章　保安服务

第二十一条　保安服务公司提供保安服务应当与客户单位签订保安服务合同，明确规定服务的项目、内容以及双方的权利义务。保安服务合同终止后，保安服务公司应当将保安服务合同至少留存2年备查。

保安服务公司应当对客户单位要求提供的保安服务的合法性进行核查，对违法的保安服务要求应当拒绝，并向公安机关报告。

第二十二条　设区的市级以上地方人民政府确定的关系国家安全、涉及国家秘密等治安保卫重点单位不得聘请外商投资的保安服务公司提供保安服务。

第二十三条　保安服务公司派出保安员跨省、自治区、直辖市为客户单位提供保安服务的，应当向服务所在地设区的市级人民政府公安机关备案。备案应当提供保安服务公司的保安服务许可证和工商营业执照、保安服务合同、服务项目负责人和保安员的基本情况。

第二十四条　保安服务公司应当按照保安服务业服务标准提供规范的保安服务，保安服务公司派出的保安员应当遵守客户单位的有关规章制度。客户单位应当为保安员从事保安服务提供必要的条件和保障。

第二十五条　保安服务中使用的技术防范产品，应当符合有关的产品质量要求。保安服务中安装监控设备应当遵守国家有关技术规范，使用监控设备不得侵犯他人合法权益或者个人隐私。

保安服务中形成的监控影像资料、报警记录，应当至少留存30日备查，保安从业单位和客户单位不得删改或者扩散。

第二十六条　保安从业单位对保安服务中获知的国家秘密、商业秘密以及客户单位明确要求保密的信息，应当予以保密。

保安从业单位不得指使、纵容保安员阻碍依法执行公务、参与追索债务、采用暴力或者以暴力相威胁的手段处置纠纷。

第二十七条 保安员上岗应当着保安员服装，佩带全国统一的保安服务标志。保安员服装和保安服务标志应当与人民解放军、人民武装警察和人民警察、工商税务等行政执法机关以及人民法院、人民检察院工作人员的制式服装、标志服饰有明显区别。

保安员服装由全国保安服务行业协会推荐式样，由保安服务从业单位在推荐式样范围内选用。保安服务标志式样由全国保安服务行业协会确定。

第二十八条 保安从业单位应当根据保安服务岗位的需要为保安员配备所需的装备。保安服务岗位装备配备标准由国务院公安部门规定。

第二十九条 在保安服务中，为履行保安服务职责，保安员可以采取下列措施：

（一）查验出入服务区域的人员的证件，登记出入的车辆和物品；

（二）在服务区域内进行巡逻、守护、安全检查、报警监控；

（三）在机场、车站、码头等公共场所对人员及其所携带的物品进行安全检查，维护公共秩序；

（四）执行武装守护押运任务，可以根据任务需要设立临时隔离区，但应当尽可能减少对公民正常活动的妨碍。

保安员应当及时制止发生在服务区域内的违法犯罪行为，对制止无效的违法犯罪行为应当立即报警，同时采取措施保护现场。

从事武装守护押运服务的保安员执行武装守护押运任务使用枪支，依照《专职守护押运人员枪支使用管理条例》的规定执行。

第三十条 保安员不得有下列行为：

（一）限制他人人身自由、搜查他人身体或者侮辱、殴打他人；

（二）扣押、没收他人证件、财物；

（三）阻碍依法执行公务；

（四）参与追索债务、采用暴力或者以暴力相威胁的手段处置纠纷；

（五）删改或者扩散保安服务中形成的监控影像资料、报警记录；

（六）侵犯个人隐私或者泄露在保安服务中获知的国家秘密、商业秘密以及客户单位明确要求保密的信息；

（七）违反法律、行政法规的其他行为。

第三十一条 保安员有权拒绝执行保安从业单位或者客户单位的违法指令。保安从业单位不得因保安员不执行违法指令而解除与保安员的劳动合同，降低其劳动报酬和其他待遇，或者停缴、少缴依法应当为其缴纳的社会保险费。

第六章 保安培训单位

第三十二条 保安培训单位应当具备下列条件：

（一）是依法设立的具有法人资格的学校、职业培训机构；

（二）有保安培训所需的专兼职师资力量；

（三）有保安培训所需的场所、设施等教学条件。

第三十三条 从事保安培训的单位，应当自开展保安培训之日起30日内向所在地设区的市级人民政府公安机关备案，提交能够证明其符合本条例第三十二条规定条件的材料。

保安培训单位出资人、法定代表人（主要负责人）、住所、名称发生变化的，应当到原备案公安机关办理变更。

保安培训单位终止培训的，应当自终止培训之日起30日内到原备案公安机关撤销备案。

第三十四条 从事武装守护押运服务的保安员的枪支使用培训，应当由人民警察院校、人民警察培训机构负责。承担培训工作的人民警察院校、人民警察培训机构应当向所在地的省、自治区、直辖市人民政府公安机关备案。

第三十五条 保安培训单位应当按照保安员培训教学大纲制订教学计划，对接受培训的人员进行法律、保安专业知识和技能培训以及职业道德教育。

保安员培训教学大纲由国务院公安部门审定。

第七章 监督管理

第三十六条 公安机关应当指导保安从业单位建立健全保安服务管理制度、岗位责任制度、保安员管理制度和紧急情况应急预案，督促保安从业单位落实相关管理制度。

保安从业单位、保安培训单位和保安员应当接受公安机关的监督检查。

第三十七条 公安机关建立保安服务监督管理信息系统，记录保安从业单位、保安培训单位和保安员的相关信息。

公安机关应当对提取、留存的保安员指纹等人体生物信息予以保密。

第三十八条 公安机关的人民警察对保安从业单位、保安培训单位实施监督检查应当出示证件，对监督检查中发现的问题，应当督促其整改。监督检查的情况和处理结果应当如实记录，并由公安机关的监督检查人员和保安从业单位、保安培训单位的有关负责人签字。

第三十九条 县级以上人民政府公安机关应当公布投诉方式，受理社会公众对保安从业单位、保安培训单位和保安员的投诉。接到投诉的公安机关应当及时调查处理，并反馈查处结果。

第四十条 国家机关及其工作人员不得设立保安服务公司，不得参与或者变相参与保安服务公司的经营活动。

第八章 法律责任

第四十一条 任何组织或者个人未经许可，擅自从事保安服务的，依法给予治安管理处罚，并没收违法所得；构成犯罪的，依法追究刑事责任。

第四十二条 保安从业单位有下列情形之一的，责令限期改正，给予警告；情节严重的，并处 1 万元以上 5 万元以下的罚款；有违法所得的，没收违法所得：

（一）保安服务公司法定代表人变更未经公安机关审核的；

（二）未按照本条例的规定进行备案或者撤销备案的；

（三）自行招用保安员的单位在本单位以外或者物业管理区域以外开展保安服务的；

（四）招用不符合本条例规定条件的人员担任保安员的；

（五）保安服务公司未对客户单位要求提供的保安服务的合法性进行核查的，或者未将违法的保安服务要求向公安机关报告的；

（六）保安服务公司未按照本条例的规定签订、留存保安服务合同的；

（七）未按照本条例的规定留存保安服务中形成的监控影像资料、报警记录的。

客户单位未按照本条例的规定留存保安服务中形成的监控影像资料、报警记录的，依照前款规定处罚。

第四十三条 保安从业单位有下列情形之一的，责令限期改正，处 2 万元以上 10 万元以下的罚款；违反治安管理的，依法给予治安管理处罚；构成犯罪的，依法追究直接负责的主管人员和其他直接责任人员的刑事责任：

（一）泄露在保安服务中获知的国家秘密、商业秘密以及客户单位明确要求保密的信息的；

（二）使用监控设备侵犯他人合法权益或者个人隐私的；

（三）删改或者扩散保安服务中形成的监控影像资料、报警记录的；

（四）指使、纵容保安员阻碍依法执行公务、参与追索债务、采用暴力或者以暴力相威胁的手段处置纠纷的；

（五）对保安员疏于管理、教育和培训，发生保安员违法犯罪案件，造成严重后果的。

客户单位删改或者扩散保安服务中形成的监控影像资料、报警记录的，依照前款规定处罚。

第四十四条 保安从业单位因保安员不执行违法指令而解除与保安员的劳动合同，降低其劳动报酬和其他待遇，或者停缴、少缴依法应当为其缴纳的社会保险费的，对保安从业单位的处罚和对保安员的赔偿依照有关劳动合同和社会保险的法律、行政法规的规定执行。

第四十五条 保安员有下列行为之一的，由公安机关予以训诫；情节严重的，吊销其保安员证；违反治安管理的，依法给予治安管理处罚；构成犯罪的，依法追究刑事责任：

（一）限制他人人身自由、搜查他人身体或者侮辱、殴打他人的；

（二）扣押、没收他人证件、财物的；

（三）阻碍依法执行公务的；

（四）参与追索债务、采用暴力或者以暴力相威胁的手段处置纠纷的；

（五）删改或者扩散保安服务中形成的监控影像资料、报警记录的；

（六）侵犯个人隐私或者泄露在保安服务中获知的国家秘密、商业秘密以及客户单位明确要求保密的信息的；

（七）有违反法律、行政法规的其他行为的。

从事武装守护押运的保安员违反规定使用枪支的，依照《专职守护押运人员枪支使用管理条例》的规定处罚。

第四十六条 保安员在保安服务中造成他人人身伤亡、财产损失的，由保安从业单位赔付；保安员有故意或者重大过失的，保安从业单位可以依法向保安员追偿。

第四十七条 从事保安培训的单位有下列情形之一的，责令限期改正，给予警告；情节严重的，并处1万元以上5万元以下的罚款：

（一）未按照本条例的规定进行备案或者办理变更的；

（二）不符合本条例规定条件的；

（三）隐瞒有关情况、提供虚假材料或者拒绝提供反映其活动情况的真实材料的；

（四）未按照本条例规定开展保安培训的。

以保安培训为名进行诈骗活动的，依法给予治安管理处罚；构成犯罪的，依法追究刑事责任。

第四十八条 国家机关及其工作人员设立保安服务公司，参与或者变相参与保安服务公司经营活动的，对直接负责的主管人员和其他直接责任人员依法给予处分。

第四十九条 公安机关的人民警察在保安服务活动监督管理工作中滥用职权、玩忽职守、徇私舞弊的，依法给予处分；构成犯罪的，依法追究刑事责任。

第九章 附 则

第五十条 保安服务许可证、保安员证的式样由国务院公安部门规定。

第五十一条 本条例施行前已经设立的保安服务公司，应当自本条例施行之日起6个月内重新申请保安服务许可证。本条例施行前自行招用保安员的单位，应当自本条例施行之日起3个月内向公安机关备案。

本条例施行前已经从事保安服务的保安员，自本条例施行之日起1年内由保安员所在单位组织培训，经设区的市级人民政府公安机关考试、审查合格并留存指纹等人体生物信息的，发给保安员证。

第五十二条 本条例自2010年1月1日起施行。

公安机关实施保安服务管理条例办法

（2010年2月3日公安部令第112号公布 根据2016年1月14日《公安部关于修改部分部门规章的决定》修订）

第一章 总 则

第一条 为了规范公安机关对保安服务的监督管理工作，根据《保安服务管理条例》（以下简称《条例》）和有关法律、行政法规规定，制定本办法。

第二条 公安部负责全国保安服务活动的监督管理工作。地方各级公安机关应当按照属地管理、分级负责的原则，对保安服务活动依法进行监督管理。

第三条 省级公安机关负责下列保安服务监督管理工作：

（一）指导本省（自治区）公安机关对保安从业单位、保安培训单位、保安员和保安服务活动进行监督管理；

（二）核发、吊销保安服务公司的保安服务许可证、保安培训单位的保安培训许可证；

（三）审核保安服务公司法定代表人的变更情况；

（四）接受承担保安员枪支使用培训工作的人民警察院校、人民警察培训机构的备案；

（五）依法进行其他保安服务监督管理工作。

直辖市公安机关除行使省级公安机关的保安服务监督管理职能外，还可以直接受理设立保安服务公司或者保安培训单位的申请，核发保安员证，接受保安服务公司跨省、自治区、直辖市提供保安服务的备案。

第四条 设区市的公安机关负责下列保安服务监督管理工作：

（一）受理、审核设立保安服务公司、保安培训单位的申请材料；

（二）接受保安服务公司设立分公司和跨省、自治区、直辖市开展保安服务活动，以及自行招用保安员单位的备案；

（三）组织开展保安员考试，核发、吊销保安员证；

（四）对保安服务活动进行监督检查；

（五）依法进行其他保安服务监督管理工作。

第五条 县级公安机关负责下列保安服务监督管理工作：

（一）对保安服务活动进行监督检查；

（二）协助进行自行招用保安员单位备案管理工作；

（三）受理保安员考试报名、采集保安员指纹；

（四）依法进行其他保安服务监督管理工作。

公安派出所负责对自行招用保安员单位保安服务活动的日常监

督检查。

第六条 各级公安机关应当明确保安服务主管机构，归口负责保安服务监督管理工作。

铁路、交通、民航公安机关和森林公安机关负责对其管辖范围内的保安服务进行日常监督检查。

新疆生产建设兵团公安机关负责对其管辖范围内的保安服务进行监督管理。

第七条 保安服务行业协会在公安机关指导下依法开展提供服务、规范行为、反映诉求等保安服务行业自律工作。

全国性保安服务行业协会在公安部指导下开展推荐保安员服装式样、设计全国统一的保安服务标志、制定保安服务标准、开展保安服务企业资质认证以及协助组织保安员考试等工作。

第八条 公安机关对在保护公共财产和人民群众生命财产安全、预防和制止违法犯罪活动中有突出贡献的保安从业单位和保安员，应当按照国家有关规定给予表彰奖励。

保安员因工伤亡的，依照国家有关工伤保险的规定享受工伤保险待遇，公安机关应当协助落实工伤保险待遇；保安员因公牺牲的，公安机关应当按照国家有关规定，做好烈士推荐工作。

第二章 保安从业单位许可与备案

第九条 申请设立保安服务公司，应当向设区市的公安机关提交下列材料：

（一）设立申请书（应当载明拟设立保安服务公司的名称、住所、注册资本、股东及出资额、经营范围等内容）；

（二）拟任的保安服务公司法定代表人和总经理、副总经理等主要管理人员的有效身份证件、简历，保安师资格证书复印件，5 年以上军队、公安、安全、审判、检察、司法行政或者治安保卫、保安经营管理工作经验证明，县级公安机关开具的无被刑事处罚、劳动教养、收容教育、强制隔离戒毒证明；

（三）拟设保安服务公司住所的所有权或者使用权的有效证明文件和提供保安服务所需的有关设备、交通工具等材料；

（四）专业技术人员名单和法律、行政法规有资格要求的资格证明；

（五）组织机构和保安服务管理制度、岗位责任制度、保安员管理制度材料；

（六）工商行政管理部门核发的企业名称预先核准通知书。

第十条 申请设立提供武装守护押运服务的保安服务公司，除向设区市的公安机关提交本办法第九条规定的材料外，还应当提交下列材料：

（一）出资属国有独资或者国有资本占注册资本总额51%以上的有效证明文件；

（二）符合《专职守护押运人员枪支使用管理条例》规定条件的守护押运人员的材料；

（三）符合国家或者行业标准的专用运输车辆以及通信、报警设备的材料；

（四）枪支安全管理制度和保管设施情况的材料。

保安服务公司申请增设武装守护押运业务的，无需提交本办法第九条规定的材料。

第十一条 申请设立中外合资经营、中外合作经营或者外资独资经营的保安服务公司（以下统称外资保安服务公司），除了向公安机关提交本办法第九条、第十条规定的材料外，还应当提交下列材料：

（一）中外合资、中外合作合同；

（二）外方的资信证明和注册登记文件；

（三）拟任的保安服务公司法定代表人和总经理、副总经理等主要管理人员为外国人的，须提供在所属国家或者地区无被刑事处罚记录证明（原居住地警察机构出具并经公证机关公证）、5年以上保安经营管理工作经验证明、在华取得的保安师资格证书复印件。

本办法施行前已经设立的保安服务公司重新申请保安服务许可证，拟任的法定代表人和总经理、副总经理等主要管理人员为外国人的，除需提交前款第三项规定的材料外，还应当提交外国人就业证复印件。

第十二条 省级公安机关应当按照严格控制、防止垄断、适度竞争、确保安全的原则，提出武装守护押运服务公司的规划、布局方案，报公安部批准。

第十三条 设区市的公安机关应当自收到设立保安服务公司申请材料之日起15个工作日内，对申请人提交的材料的真实性进行审核，确认是否属实，并将审核意见报所在地省级公安机关。对设立提供武装守护押运和安全技术防范报警监控运营服务的申请，应当对经营场所、设施建设等情况进行现场考察。

省级公安机关收到设立保安服务公司的申请材料和设区市的公安机关的审核意见后，应当在15个工作日内作出决定：

（一）符合《条例》第八条、第十条和本办法第十二条规定的，决定核发保安服务许可证，或者在已有的保安服务许可证上增注武装守护押运服务；

（二）不符合《条例》第八条、第十条和本办法第十二条规定的，应当作出不予许可的决定，书面通知申请人并说明理由。

第十四条 取得保安服务许可证的申请人应当在办理工商登记后30个工作日内将工商营业执照复印件报送核发保安服务许可证的省级公安机关。

取得保安服务许可证后超过6个月未办理工商登记的，保安服务许可证失效，发证公安机关应当收回保安服务许可证。

第十五条 保安服务公司设立分公司的，应当自分公司设立之日起15个工作日内，向分公司所在地设区市的公安机关备案，并接受备案地公安机关监督管理。备案应当提交下列材料：

（一）保安服务许可证、工商营业执照复印件；

（二）保安服务公司法定代表人、分公司负责人和保安员基本情况；

（三）拟开展的保安服务项目。

第十六条 保安服务公司拟变更法定代表人的，应当向所在地设区市的公安机关提出申请。设区市的公安机关应当在收到申请后15个工作日内进行审核并报所在地省级公安机关。省级公安机关应当在收到申报材料后15个工作日内审核并予以回复。

第十七条 省级公安机关许可设立提供武装守护押运服务的保安服务公司以及中外合资、合作或者外商独资经营的保安服务公司的，应当报公安部备案。

第十八条 自行招用保安员从事本单位安全防范工作的机关、团体、企业、事业单位以及在物业管理区域内开展秩序维护等服务的物业服务企业，应当自开始保安服务之日起30个工作日内向所在地设区市的公安机关备案。备案应当提交下列材料：

（一）单位法人资格证明；

（二）法定代表人（主要负责人）、保安服务分管负责人和保安员的基本情况；

（三）保安服务区域的基本情况；

（四）建立保安服务管理制度、岗位责任制度、保安员管理制度的情况；

（五）保安员在岗培训法律、保安专业知识和技能的情况。

第三章 保安员证申领与保安员招用

第十九条 申领保安员证应当符合下列条件：

（一）年满18周岁的中国公民；

（二）身体健康，品行良好；

（三）初中以上学历；

（四）参加保安员考试，成绩合格；

（五）没有《条例》第十七条规定的情形。

第二十条 参加保安员考试，由本人或者保安从业单位、保安培训单位组织到现住地县级公安机关报名，填报报名表（可以到当地公安机关政府网站上下载），并按照国家有关规定交纳考试费。报名应当提交下列材料：

（一）有效身份证件；

（二）县级以上医院出具的体检证明；

（三）初中以上学历证明。

县级公安机关应当在接受报名时留取考试申请人的指纹，采集数码照片，并现场告知领取准考证时间。

第二十一条 县级公安机关对申请人的报名材料进行审核，符合本办法第十九条第一项、第二项、第三项、第五项规定的，上报设区市的公安机关发给准考证，通知申请人领取。

第二十二条 设区市的公安机关应当根据本地报考人数和保安服务市场需要，合理规划设置考点，提前公布考试方式（机考或者卷考）和时间，每年考试不得少于2次。

考试题目从公安部保安员考试题库中随机抽取。考生凭准考证和有效身份证件参加考试。

第二十三条 申请人考试成绩合格的，设区市的公安机关核发保安员证，由县级公安机关通知申请人领取。

第二十四条 保安从业单位直接从事保安服务的人员应当持有保安员证。

保安从业单位应当招用持有保安员证的人员从事保安服务工作，并与被招用的保安员依法签订劳动合同。

第四章 保安服务

第二十五条 保安服务公司签订保安服务合同前，应当按照《条例》第二十一条的规定，对下列事项进行核查：

（一）客户单位是否依法设立；

（二）被保护财物是否合法；

（三）被保护人员的活动是否合法；

（四）要求提供保安服务的活动依法需经批准的，是否已经批准；

（五）维护秩序的区域是否经业主或者所属单位明确授权；

（六）其他应当核查的事项。

第二十六条 保安服务公司派出保安员提供保安服务，保安服务合同履行地与保安服务公司所在地不在同一省、自治区、直辖市的，应当依照《条例》第二十三条的规定，在开始提供保安服务之前30个工作日内向保安服务合同履行地设区市的公安机关备案，并接受备案地公安机关监督管理。备案应当提交下列材料：

（一）保安服务许可证和工商营业执照复印件；

（二）保安服务公司法定代表人、服务项目负责人有效身份证件和保安员的基本情况；

（三）跨区域经营服务的保安服务合同；

（四）其他需要提供的材料。

第二十七条 经设区的市级以上地方人民政府确定的关系国家安全、涉及国家秘密等治安保卫重点单位不得聘请外资保安服务公司提供保安服务。

为上述单位提供保安服务的保安服务公司不得招用境外人员。

第二十八条 保安服务中使用的技术防范产品，应当符合国家或者行业质量标准。

保安服务中安装报警监控设备应当遵守国家有关安全技术规范。

第二十九条 保安员上岗服务应当穿着全国性保安服务行业协会推荐式样的保安员服装，佩带全国统一的保安服务标志。

提供随身护卫、安全技术防范和安全风险评估服务的保安员上岗服务可以穿着便服，但应当佩带全国统一的保安服务标志。

第三十条 保安从业单位应当根据保安服务和保安员安全需要，为保安员配备保安服务岗位所需的防护、救生等器材和交通、通讯等装备。

保安服务岗位装备配备标准由公安部另行制定。

第五章 保安培训单位许可与备案

第三十一条 申请设立保安培训单位，应当向设区市的公安机关提交下列材料：

（一）设立申请书（应当载明申请人基本情况、拟设立培训单位名称、培训目标、培训规模、培训内容、培训条件和内部管理制度等）；

（二）符合《条例》第三十二条规定条件的证明文件；

（三）申请人、法定代表人的有效身份证件，主要管理人员和师资人员的相关资格证明文件。

第三十二条 公安机关应当自收到申请材料之日起15个工作日内，对申请人提交的材料的真实性进行审核，对培训所需场所、设施等教学条件进行现场考察，并将审核意见报所在地省级公安机关。

省级公安机关收到申请材料和设区市的公安机关的审核意见后，应当在15个工作日内作出决定：

（一）符合《条例》第三十二条规定的，核发保安培训许可证；

（二）不符合《条例》第三十二条规定的，应当作出不予许可的决定，书面通知申请人并说明理由。

第三十三条 人民警察院校、人民警察培训机构对从事武装守护押运服务保安员进行枪支使用培训的，应当在开展培训工作前30个工作日内，向所在地省级公安机关备案。备案应当提交下列材料：

（一）法人资格证明或者批准成立文件；

（二）法定代表人、分管负责人的基本情况；

（三）与培训规模相适应的师资和教学设施情况；

（四）枪支安全管理制度和保管设施建设情况。

第三十四条 保安培训单位应当按照公安部审定的保安员培训教学大纲进行培训。

保安培训单位不得对外提供或者变相提供保安服务。

第六章　监 督 检 查

第三十五条　公安机关应当加强对保安从业单位、保安培训单位的日常监督检查，督促落实各项管理制度。

第三十六条　公安机关应当根据《条例》规定，建立保安服务监督管理信息系统和保安员指纹等人体生物信息管理制度。

保安服务监督管理信息系统建设标准由公安部另行制定。

第三十七条　公安机关对保安服务公司应当检查下列内容：

（一）保安服务公司基本情况；

（二）设立分公司和跨省、自治区、直辖市开展保安服务经营活动情况；

（三）保安服务合同和监控影像资料、报警记录留存制度落实情况；

（四）保安服务中涉及的安全技术防范产品、设备安装、变更、使用情况；

（五）保安服务管理制度、岗位责任制度、保安员管理制度和紧急情况应急预案建立落实情况；

（六）从事武装守护押运服务的保安服务公司公务用枪安全管理制度和保管设施建设情况；

（七）保安员及其服装、保安服务标志与装备管理情况；

（八）保安员在岗培训和权益保障工作落实情况；

（九）被投诉举报事项纠正情况；

（十）其他需要检查的事项。

第三十八条　公安机关对自行招用保安员单位应当检查下列内容：

（一）备案情况；

（二）监控影像资料、报警记录留存制度落实情况；

（三）保安服务中涉及的安全技术防范产品、设备安装、变更、使用情况；

（四）保安服务管理制度、岗位责任制度、保安员管理制度和紧急情况应急预案建立落实情况；

（五）依法配备的公务用枪安全管理制度和保管设施建设情况；

（六）自行招用的保安员及其服装、保安服务标志与装备管理情况；

（七）保安员在岗培训和权益保障工作落实情况；

（八）被投诉举报事项纠正情况；

（九）其他需要检查的事项。

第三十九条 公安机关对保安培训单位应当检查下列内容：

（一）保安培训单位基本情况；

（二）保安培训教学情况；

（三）枪支使用培训单位备案情况和枪支安全管理制度与保管设施建设管理情况；

（四）其他需要检查的事项。

第四十条 公安机关有关工作人员对保安从业单位和保安培训单位实施监督检查时不得少于2人，并应当出示执法身份证件。

对监督检查情况和处理意见应当如实记录，并由公安机关检查人员和被检查单位的有关负责人签字；被检查单位负责人不在场或者拒绝签字的，公安机关工作人员应当在检查记录上注明。

第四十一条 公安机关在监督检查时，发现依法应当责令限期改正的违法行为，应当制作责令限期改正通知书，送达被检查单位。责令限期改正通知书中应当注明改正期限。

公安机关应当在责令改正期限届满或者收到当事人的复查申请之日起3个工作日内进行复查。对逾期不改正的，依法予以行政处罚。

第四十二条 公安机关应当在办公场所和政府网站上公布下列信息：

（一）保安服务监督管理有关法律、行政法规、部门规章和地方性法规、政府规章等规范性文件；

（二）保安服务许可证、保安培训许可证、保安员证的申领条件和程序；

（三）保安服务公司设立分公司与跨省、自治区、直辖市经营服务、自行招用保安员单位、从事武装守护押运服务保安员枪支使用培训单位的备案材料和程序；

（四）保安服务监督检查工作要求和程序；

（五）举报投诉方式；

（六）其他应当公开的信息。

第四十三条 以欺骗、贿赂等不正当手段取得保安服务或者保安培训许可，公安机关及其工作人员滥用职权、玩忽职守、违反法定程序准予保安服务或者保安培训许可，或者对不具备申请资格、不符合法定条件的申请人准予保安服务或者保安培训许可的，发证公安机关经查证属实，应当撤销行政许可。撤销保安服务、保安培训许可的，应当按照下列程序实施：

（一）经省、自治区、直辖市人民政府公安机关批准，制作撤销决定书送达当事人；

（二）收缴许可证书；

（三）公告许可证书作废。

第四十四条 保安服务公司、保安培训单位依法破产、解散、终止的，发证公安机关应当依法及时办理许可注销手续，收回许可证件。

第七章 法律责任

第四十五条 保安服务公司有下列情形之一，造成严重后果的，除依照《条例》第四十三条规定处罚外，发证公安机关可以依据《中华人民共和国治安管理处罚法》第五十四条第三款的规定，吊销保安服务许可证：

（一）泄露在保安服务中获知的国家秘密；

（二）指使、纵容保安员阻碍依法执行公务、参与追索债务、采用暴力或者以暴力相威胁的手段处置纠纷；

（三）其他严重违法犯罪行为。

保安培训单位以培训为名进行诈骗等违法犯罪活动，情节严重的，公安机关可以依前款规定，吊销保安培训许可证。

第四十六条 设区的市级以上人民政府确定的关系国家安全、涉及国家秘密等治安保卫重点单位违反《条例》第二十二条规定的，依照《企业事业单位内部治安保卫条例》第十九条的规定处罚。

保安服务公司违反本办法第二十七条第二款规定的，依照前款规定处罚。

第四十七条 保安培训单位以实习为名，派出学员变相开展保安服务的，依照《条例》第四十一条规定，依法给予治安管理处罚，并没收违法所得；构成犯罪的，依法追究刑事责任。

第四十八条 公安机关工作人员在保安服务监督管理中有下列情形的，对直接负责的主管人员和其他直接责任人员依法给予处分；构成犯罪的，依法追究刑事责任：

（一）明知不符合设立保安服务公司、保安培训单位的设立条件却许可的；符合《条例》和本办法规定，应当许可却不予许可的；

（二）违反《条例》规定，应当接受保安从业单位、保安培训单位的备案而拒绝接受的；

（三）接到举报投诉，不依法查处的；

（四）发现保安从业单位和保安培训单位违反《条例》规定，不依法查处的；

（五）利用职权指定安全技术防范产品的生产厂家、销售单位或者指定保安服务提供企业的；

（六）接受被检查单位、个人财物或者其他不正当利益的；

（七）参与或者变相参与保安服务公司经营活动的；

（八）其他滥用职权、玩忽职守、徇私舞弊的行为。

第八章 附　　则

第四十九条 保安服务许可证和保安培训许可证包括正本和副本，正本应当悬挂在保安服务公司或者保安培训单位主要办公场所的醒目位置。

保安服务许可证、保安培训许可证、保安员证式样由公安部规定，省级公安机关制作；其他文书式样由省级公安机关自行制定。

第五十条 对香港特别行政区、澳门特别行政区和台湾地区投资者设立合资、合作或者独资经营的保安服务公司的管理，参照适用外资保安服务公司的相关规定。

第五十一条 本办法自发布之日起施行。

附件： 1. 保安服务许可证（略）

2. 保安培训许可证（略）

3. 中华人民共和国保安员证（略）

公安机关执行保安服务管理条例若干问题的解释

（2010年9月16日　公通字〔2010〕43号）

根据《保安服务管理条例》（以下简称《条例》）和《公安机关实施保安服务管理条例办法》（以下简称《办法》）规定及保安服务监管工作需要，现对公安机关执行《保安服务管理条例》的若干问题解释如下。

一、关于保安服务公司主要管理人员范围问题。《条例》第八条第二项规定，拟任的保安服务公司法定代表人和主要管理人员应当具备任职所需的专业知识和有关业务工作经验。这里的"主要管理人员”是指拟任的保安服务公司总经理、副总经理。

二、关于保安服务公司法定代表人和主要管理人员保安师资格证问题。《条例》第八条第二项规定，拟任保安服务公司法定代表人和主要管理人员应当具备任职所需的专业知识。《办法》第九条进一步明确规定，拟任保安服务公司法定代表人和总经理、副总经理等主要管理人员应当具有保安师资格。在全国保安职业技能鉴定工作开始后，将对在任的保安服务公司的法定代表人和总经理、副总经理等主要管理人员进行全国统一的职业技能鉴定，核发保安师资格证书。

三、关于拟任保安服务公司法定代表人和主要管理人员治安保卫或者保安经营管理经验问题。《条例》第八条第二项规定，拟任的保安服务公司法定代表人和主要管理人员应当具备有关业务工作经验。《办法》第九条规定，拟任的保安服务公司法定代表人和主要管理人员应当具有5年以上军队、公安、安全、审判、检察、司法行政或者治安保卫、保安经营管理工作经验。这里的“治安保卫”工作经验是指曾在县级以上人民政府确定的治安保卫重点单位从事治安保卫管理工作经历；“保安经营管理”工作经验是指在保安服务公司中曾担任经营管理领导职务的工作经历。

四、关于直辖市公安机关直接受理设立保安服务公司或者保安培训单位申请的审核审批时间问题。根据《行政许可法》第四十二条、《条例》第九条和《办法》第三条规定，直辖市公安机关直接受理设立保安服务公司或者保安培训单位申请的，应当在20日内审核完毕并作出决定；在20日内不能作出决定的，经本行政机关负责人批准，可以延长10日，并应将延长期限的理由告知申请人。

五、关于提供武装守护押运服务的保安服务公司国有投资主体数量问题。《条例》第十条规定，提供武装守护押运服务的保安服务公司应当由国有资本独资设立，或者国有资本占注册资本总额51%以上。这里所称的国有资本可以由多个国有投资主体持有，但其中一个国有投资主体持有的股份应当占该公司注册资本总额的51%以上。

六、关于公安机关所属院校、社团和现役部队设立保安服务公司问题。根据1998年中央对军队、武警和政法机关进行清商的文件精神和公安部有关规定要求，公安机关所属院校、社团和现役部队不得设立保安服务公司，不得参与或者变相参与保安服务公司的经营活动。

七、关于自行招用保安员单位跨区域开展保安服务活动的备案问题。《条例》第十四条第一款规定，自行招用保安员的单位，应当向所在地设区的市级人民政府公安机关备案。自行招用保安员的单位因本单位生产经营工作的需要而跨市（地、州、盟）开展保安服务活动的，应当将保安服务情况向当地市（地、州、盟）公安机关备案，当地公安机关应当接受备案，并纳入监管。

八、关于单位自行招用保安员的备案范围问题。根据《条例》第十四条规定，对具有法人资格的单位自行招用的直接从事本单位门卫、巡逻、守护和秩序维护等安全防范工作并与本单位签订劳动合同或用工协议的人员，应当纳入公安机关备案范围。

九、关于达到法定退休年龄人员申领保安员证问题。根据《劳动法》等法律、法规规定和保安服务工作要求，对于达到法定退休年龄的人员不再发给保安员证。

十、关于安全技术防范服务认定问题。根据《条例》第二条规定，保安服务包括安全技术防范服务。这里的“安全技术防范服务”主要是指利用安全技术防范设备和技术手段，为公民、法人和其他组织提供入侵报警、视频监控，以及报警运营等服务。

最高人民法院关于审理物业服务纠纷案件适用法律若干问题的解释

（2009年4月20日最高人民法院审判委员会第1466次会议通过　根据2020年12月23日最高人民法院审判委员会第1823次会议通过的《最高人民法院关于修改〈最高人民法院关于在民事审判工作中适用《中华人民共和国工会法》若干问题的解释〉等二十七件民事类司法解释的决定》修正　2020年12月29日最高人民法院公告公布　自2021年1月1日起施行　法释〔2020〕17号）

为正确审理物业服务纠纷案件，依法保护当事人的合法权益，根据《中华人民共和国民法典》等法律规定，结合民事审判实践，制定本解释。

第一条　业主违反物业服务合同或者法律、法规、管理规约，实施妨碍物业服务与管理的行为，物业服务人请求业主承担停止侵害、排除妨碍、恢复原状等相应民事责任的，人民法院应予支持。

第二条　物业服务人违反物业服务合同约定或者法律、法规、部门规章规定，擅自扩大收费范围、提高收费标准或者重复收费，业主以违规收费为由提出抗辩的，人民法院应予支持。

业主请求物业服务人退还其已经收取的违规费用的，人民法院应予支持。

第三条　物业服务合同的权利义务终止后，业主请求物业服务人退还已经预收，但尚未提供物业服务期间的物业费的，人民法院应予支持。

第四条　因物业的承租人、借用人或者其他物业使用人实施违反物业服务合同，以及法律、法规或者管理规约的行为引起的物业服务纠纷，人民法院可以参照关于业主的规定处理。

第五条 本解释自2009年10月1日起施行。

本解释施行前已经终审，本解释施行后当事人申请再审或者按照审判监督程序决定再审的案件，不适用本解释。

房屋建筑工程质量保修办法

（2000年6月30日建设部令第80号公布　自公布之日起施行）

第一条 为保护建设单位、施工单位、房屋建筑所有人和使用人的合法权益，维护公共安全和公众利益，根据《中华人民共和国建筑法》和《建设工程质量管理条例》，制定本办法。

第二条 在中华人民共和国境内新建、扩建、改建各类房屋建筑工程（包括装修工程）的质量保修，适用本办法。

第三条 本办法所称房屋建筑工程质量保修，是指对房屋建筑工程竣工验收后在保修期限内出现的质量缺陷，予以修复。

本办法所称质量缺陷，是指房屋建筑工程的质量不符合工程建设强制性标准以及合同的约定。

第四条 房屋建筑工程在保修范围和保修期限内出现质量缺陷，施工单位应当履行保修义务。

第五条 国务院建设行政主管部门负责全国房屋建筑工程质量保修的监督管理。

县级以上地方人民政府建设行政主管部门负责本行政区域内房屋建筑工程质量保修的监督管理。

第六条 建设单位和施工单位应当在工程质量保修书中约定保修范围、保修期限和保修责任等，双方约定的保修范围、保修期限必须符合国家有关规定。

第七条 在正常使用下，房屋建筑工程的最低保修期限为：

（一）地基基础和主体结构工程，为设计文件规定的该工程的合理使用年限；

（二）屋面防水工程、有防水要求的卫生间、房间和外墙面的防渗漏，为5年；

（三）供热与供冷系统，为2个采暖期、供冷期；

（四）电气系统、给排水管道、设备安装为2年；

（五）装修工程为2年。

其他项目的保修期限由建设单位和施工单位约定。

第八条 房屋建筑工程保修期从工程竣工验收合格之日起计算。

第九条 房屋建筑工程在保修期限内出现质量缺陷，建设单位或者房屋建筑所有人应当向施工单位发出保修通知。施工单位接到保修通知后，应当到现场核查情况，在保修书约定的时间内予以保修。发生涉及结构安全或者严重影响使用功能的紧急抢修事故，施工单位接到保修通知后，应当立即到达现场抢修。

第十条 发生涉及结构安全的质量缺陷，建设单位或者房屋建筑所有人应当立即向当地建设行政主管部门报告，采取安全防范措施；由原设计单位或者具有相应资质等级的设计单位提出保修方案，施工单位实施保修，原工程质量监督机构负责监督。

第十一条 保修完后，由建设单位或者房屋建筑所有人组织验收。涉及结构安全的，应当报当地建设行政主管部门备案。

第十二条 施工单位不按工程质量保修书约定保修的，建设单位可以另行委托其他单位保修，由原施工单位承担相应责任。

第十三条 保修费用由质量缺陷的责任方承担。

第十四条 在保修期内，因房屋建筑工程质量缺陷造成房屋所有人、使用人或者第三方人身、财产损害的，房屋所有人、使用人或者第三方可以向建设单位提出赔偿要求。建设单位向造成房屋建筑工程质量缺陷的责任方追偿。

第十五条 因保修不及时造成新的人身、财产损害，由造成拖延的责任方承担赔偿责任。

第十六条 房地产开发企业售出的商品房保修，还应当执行《城市房地产开发经营管理条例》和其他有关规定。

第十七条 下列情况不属于本办法规定的保修范围：

（一）因使用不当或者第三方造成的质量缺陷；

（二）不可抗力造成的质量缺陷。

第十八条 施工单位有下列行为之一的，由建设行政主管部门责令改正，并处1万元以上3万元以下的罚款。

（一）工程竣工验收后，不向建设单位出具质量保修书的；

（二）质量保修的内容、期限违反本办法规定的。

第十九条 施工单位不履行保修义务或者拖延履行保修义务的，由建设行政主管部门责令改正，处10万元以上20万元以下的罚款。

第二十条 军事建设工程的管理，按照中央军事委员会的有关规定执行。

第二十一条 本办法由国务院建设行政主管部门负责解释。

第二十二条 本办法自发布之日起施行。

住宅专项维修资金管理办法

（2007年12月4日建设部、财政部令第165号公布
自2008年2月1日起施行）

第一章 总 则

第一条 为了加强对住宅专项维修资金的管理，保障住宅共用部位、共用设施设备的维修和正常使用，维护住宅专项维修资金所有者的合法权益，根据《物权法》、《物业管理条例》等法律、行政法规，制定本办法。

第二条 商品住宅、售后公有住房住宅专项维修资金的交存、使用、管理和监督，适用本办法。

本办法所称住宅专项维修资金，是指专项用于住宅共用部位、共用设施设备保修期满后的维修和更新、改造的资金。

第三条 本办法所称住宅共用部位，是指根据法律、法规和房屋买卖合同，由单幢住宅内业主或者单幢住宅内业主及与之结构相连的非住宅业主共有的部位，一般包括：住宅的基础、承重墙体、柱、梁、楼板、屋顶以及户外的墙面、门厅、楼梯间、走廊通道等。

本办法所称共用设施设备，是指根据法律、法规和房屋买卖合同，由住宅业主或者住宅业主及有关非住宅业主共有的附属设施设备，一般包括电梯、天线、照明、消防设施、绿地、道路、路灯、沟渠、池、井、非经营性车场车库、公益性文体设施和共用设施设备使用的房屋等。

第四条 住宅专项维修资金管理实行专户存储、专款专用、所有权人决策、政府监督的原则。

第五条 国务院建设主管部门会同国务院财政部门负责全国住宅专项维修资金的指导和监督工作。

县级以上地方人民政府建设（房地产）主管部门会同同级财政部门负责本行政区域内住宅专项维修资金的指导和监督工作。

第二章 交 存

第六条 下列物业的业主应当按照本办法的规定交存住宅专项维修资金：

（一）住宅，但一个业主所有且与其他物业不具有共用部位、共用设施设备的除外；

（二）住宅小区内的非住宅或者住宅小区外与单幢住宅结构相连的非住宅。

前款所列物业属于出售公有住房的，售房单位应当按照本办法的规定交存住宅专项维修资金。

第七条 商品住宅的业主、非住宅的业主按照所拥有物业的建筑面积交存住宅专项维修资金，每平方米建筑面积交存首期住宅专项维修资金的数额为当地住宅建筑安装工程每平方米造价的5%至8%。

直辖市、市、县人民政府建设（房地产）主管部门应当根据本地区情况，合理确定、公布每平方米建筑面积交存首期住宅专项维修资金的数额，并适时调整。

第八条 出售公有住房的，按照下列规定交存住宅专项维修资金：

（一）业主按照所拥有物业的建筑面积交存住宅专项维修资金，每平方米建筑面积交存首期住宅专项维修资金的数额为当地房改成本价的2%。

（二）售房单位按照多层住宅不低于售房款的20%、高层住宅不低于售房款的30%，从售房款中一次性提取住宅专项维修资金。

第九条 业主交存的住宅专项维修资金属于业主所有。

从公有住房售房款中提取的住宅专项维修资金属于公有住房售房单位所有。

第十条 业主大会成立前，商品住宅业主、非住宅业主交存的住宅专项维修资金，由物业所在地直辖市、市、县人民政府建设（房地产）主管部门代管。

直辖市、市、县人民政府建设（房地产）主管部门应当委托所在地一家商业银行，作为本行政区域内住宅专项维修资金的专户管理银行，并在专户管理银行开立住宅专项维修资金专户。

开立住宅专项维修资金专户，应当以物业管理区域为单位设账，按房屋户门号设分户账；未划定物业管理区域的，以幢为单位设账，按房屋户门号设分户账。

第十一条 业主大会成立前，已售公有住房住宅专项维修资金，由物业所在地直辖市、市、县人民政府财政部门或者建设（房地产）主管部门负责管理。

负责管理公有住房住宅专项维修资金的部门应当委托所在地一家商业银行，作为本行政区域内公有住房住宅专项维修资金的专户管理银行，并在专户管理银行开立公有住房住宅专项维修资金专户。

开立公有住房住宅专项维修资金专户，应当按照售房单位设账，按幢设分账；其中，业主交存的住宅专项维修资金，按房屋户门号设分户帐。

第十二条 商品住宅的业主应当在办理房屋入住手续前，将首期住宅专项维修资金存入住宅专项维修资金专户。

已售公有住房的业主应当在办理房屋入住手续前，将首期住宅专项维修资金存入公有住房住宅专项维修资金专户或者交由售房单位存入公有住房住宅专项维修资金专户。

公有住房售房单位应当在收到售房款之日起 30 日内，将提取的住宅专项维修资金存入公有住房住宅专项维修资金专户。

第十三条 未按本办法规定交存首期住宅专项维修资金的，开发建设单位或者公有住房售房单位不得将房屋交付购买人。

第十四条 专户管理银行、代收住宅专项维修资金的售房单位应当出具由财政部或者省、自治区、直辖市人民政府财政部门统一监制的住宅专项维修资金专用票据。

第十五条 业主大会成立后，应当按照下列规定划转业主交存的住宅专项维修资金：

（一）业主大会应当委托所在地一家商业银行作为本物业管理区域内住宅专项维修资金的专户管理银行，并在专户管理银行开立住宅专项维修资金专户。

开立住宅专项维修资金专户，应当以物业管理区域为单位设账，按房屋户门号设分户账。

（二）业主委员会应当通知所在地直辖市、市、县人民政府建设（房地产）主管部门；涉及已售公有住房的，应当通知负责管理公有住房住宅专项维修资金的部门。

（三）直辖市、市、县人民政府建设（房地产）主管部门或者负责管理公有住房住宅专项维修资金的部门应当在收到通知之日起 30 日内，通知专户管理银行将该物业管理区域内业主交存的住宅专项维修资金账面余额划转至业主大会开立的住宅专项维修资金账户，并将有关账目等移交业主委员会。

第十六条 住宅专项维修资金划转后的账目管理单位，由业主大会决定。业主大会应当建立住宅专项维修资金管理制度。

业主大会开立的住宅专项维修资金账户，应当接受所在地直辖市、市、县人民政府建设（房地产）主管部门的监督。

第十七条 业主分户账面住宅专项维修资金余额不足首期交存额30%的，应当及时续交。

成立业主大会的，续交方案由业主大会决定。

未成立业主大会的，续交的具体管理办法由直辖市、市、县人民政府建设（房地产）主管部门会同同级财政部门制定。

第三章　使　　用

第十八条 住宅专项维修资金应当专项用于住宅共用部位、共用设施设备保修期满后的维修和更新、改造，不得挪作他用。

第十九条 住宅专项维修资金的使用，应当遵循方便快捷、公开透明、受益人和负担人相一致的原则。

第二十条 住宅共用部位、共用设施设备的维修和更新、改造费用，按照下列规定分摊：

（一）商品住宅之间或者商品住宅与非住宅之间共用部位、共用设施设备的维修和更新、改造费用，由相关业主按照各自拥有物业建筑面积的比例分摊。

（二）售后公有住房之间共用部位、共用设施设备的维修和更新、改造费用，由相关业主和公有住房售房单位按照所交存住宅专项维修资金的比例分摊；其中，应由业主承担的，再由相关业主按照各自拥有物业建筑面积的比例分摊。

（三）售后公有住房与商品住宅或者非住宅之间共用部位、共用设施设备的维修和更新、改造费用，先按照建筑面积比例分摊到各相关物业。其中，售后公有住房应分摊的费用，再由相关业主和公有住房售房单位按照所交存住宅专项维修资金的比例分摊。

第二十一条 住宅共用部位、共用设施设备维修和更新、改造，涉及尚未售出的商品住宅、非住宅或者公有住房的，开发建设单位或者公有住房单位应当按照尚未售出商品住宅或者公有住房的建筑面积，分摊维修和更新、改造费用。

第二十二条 住宅专项维修资金划转业主大会管理前，需要使用住宅专项维修资金的，按照以下程序办理：

（一）物业服务企业根据维修和更新、改造项目提出使用建议；没有物业服务企业的，由相关业主提出使用建议；

（二）住宅专项维修资金列支范围内专有部分占建筑物总面积三分之二以上的业主且占总人数三分之二以上的业主讨论通过使用建议；

（三）物业服务企业或者相关业主组织实施使用方案；

（四）物业服务企业或者相关业主持有关材料，向所在地直辖市、市、县人民政府建设（房地产）主管部门申请列支；其中，动用公有住房住宅专项维修资金的，向负责管理公有住房住宅专项维修资金的部门申请列支；

（五）直辖市、市、县人民政府建设（房地产）主管部门或者负责管理公有住房住宅专项维修资金的部门审核同意后，向专户管理银行发出划转住宅专项维修资金的通知；

（六）专户管理银行将所需住宅专项维修资金划转至维修单位。

第二十三条 住宅专项维修资金划转业主大会管理后，需要使用住宅专项维修资金的，按照以下程序办理：

（一）物业服务企业提出使用方案，使用方案应当包括拟维修和更新、改造的项目、费用预算、列支范围、发生危及房屋安全等紧急情况以及其他需临时使用住宅专项维修资金的情况的处置办法等；

（二）业主大会依法通过使用方案；

（三）物业服务企业组织实施使用方案；

（四）物业服务企业持有关材料向业主委员会提出列支住宅专项维修资金；其中，动用公有住房住宅专项维修资金的，向负责管理公有住房住宅专项维修资金的部门申请列支；

（五）业主委员会依据使用方案审核同意，并报直辖市、市、县人民政府建设（房地产）主管部门备案；动用公有住房住宅专项维修资金的，经负责管理公有住房住宅专项维修资金的部门审核同意；直辖市、市、县人民政府建设（房地产）主管部门或者负责管理公有住房住宅专项维修资金的部门发现不符合有关法律、法规、规章和使用方案的，应当责令改正；

（六）业主委员会、负责管理公有住房住宅专项维修资金的部门向专户管理银行发出划转住宅专项维修资金的通知；

（七）专户管理银行将所需住宅专项维修资金划转至维修单位。

第二十四条 发生危及房屋安全等紧急情况，需要立即对住宅共用部位、共用设施设备进行维修和更新、改造的，按照以下规定列支住宅专项维修资金：

（一）住宅专项维修资金划转业主大会管理前，按照本办法第二十二条第四项、第五项、第六项的规定办理；

（二）住宅专项维修资金划转业主大会管理后，按照本办法第二十三条第四项、第五项、第六项和第七项的规定办理。

发生前款情况后，未按规定实施维修和更新、改造的，直辖市、市、县人民政府建设（房地产）主管部门可以组织代修，维修费用从相关业主住宅专项维修资金分户账中列支；其中，涉及已售公有住房的，还应当从公有住房住宅专项维修资金中列支。

第二十五条 下列费用不得从住宅专项维修资金中列支：

（一）依法应当由建设单位或者施工单位承担的住宅共用部位、共用设施设备维修、更新和改造费用；

（二）依法应当由相关单位承担的供水、供电、供气、供热、通讯、有线电视等管线和设施设备的维修、养护费用；

（三）应当由当事人承担的因人为损坏住宅共用部位、共用设施设备所需的修复费用；

（四）根据物业服务合同约定，应当由物业服务企业承担的住宅共用部位、共用设施设备的维修和养护费用。

第二十六条 在保证住宅专项维修资金正常使用的前提下，可以按照国家有关规定将住宅专项维修资金用于购买国债。

利用住宅专项维修资金购买国债，应当在银行间债券市场或者商业银行柜台市场购买一级市场新发行的国债，并持有到期。

利用业主交存的住宅专项维修资金购买国债的，应当经业主大会同意；未成立业主大会的，应当经专有部分占建筑物总面积三分之二以上的业主且占总人数三分之二以上业主同意。

利用从公有住房售房款中提取的住宅专项维修资金购买国债的，应当根据售房单位的财政隶属关系，报经同级财政部门同意。

禁止利用住宅专项维修资金从事国债回购、委托理财业务或者将购买的国债用于质押、抵押等担保行为。

第二十七条　下列资金应当转入住宅专项维修资金滚存使用：

（一）住宅专项维修资金的存储利息；

（二）利用住宅专项维修资金购买国债的增值收益；

（三）利用住宅共用部位、共用设施设备进行经营的，业主所得收益，但业主大会另有决定的除外；

（四）住宅共用设施设备报废后回收的残值。

第四章　监督管理

第二十八条　房屋所有权转让时，业主应当向受让人说明住宅专项维修资金交存和结余情况并出具有效证明，该房屋分户账中结余的住宅专项维修资金随房屋所有权同时过户。

受让人应当持住宅专项维修资金过户的协议、房屋权属证书、身份证等到专户管理银行办理分户账更名手续。

第二十九条　房屋灭失的，按照以下规定返还住宅专项维修资金：

（一）房屋分户账中结余的住宅专项维修资金返还业主；

（二）售房单位交存的住宅专项维修资金账面余额返还售房单位；售房单位不存在的，按照售房单位财务隶属关系，收缴同级国库。

第三十条　直辖市、市、县人民政府建设（房地产）主管部门，负责管理公有住房住宅专项维修资金的部门及业主委员会，应当每年至少一次与专户管理银行核对住宅专项维修资金账目，并向业主、公有住房售房单位公布下列情况：

（一）住宅专项维修资金交存、使用、增值收益和结存的总额；

（二）发生列支的项目、费用和分摊情况；

（三）业主、公有住房售房单位分户账中住宅专项维修资金交存、使用、增值收益和结存的金额；

（四）其他有关住宅专项维修资金使用和管理的情况。

业主、公有住房售房单位对公布的情况有异议的，可以要求复核。

第三十一条 专户管理银行应当每年至少一次向直辖市、市、县人民政府建设（房地产）主管部门，负责管理公有住房住宅专项维修资金的部门及业主委员会发送住宅专项维修资金对账单。

直辖市、市、县建设（房地产）主管部门，负责管理公有住房住宅专项维修资金的部门及业主委员会对资金账户变化情况有异议的，可以要求专户管理银行进行复核。

专户管理银行应当建立住宅专项维修资金查询制度，接受业主、公有住房售房单位对其分户账中住宅专项维修资金使用、增值收益和账面余额的查询。

第三十二条 住宅专项维修资金的管理和使用，应当依法接受审计部门的审计监督。

第三十三条 住宅专项维修资金的财务管理和会计核算应当执行财政部有关规定。

财政部门应当加强对住宅专项维修资金收支财务管理和会计核算制度执行情况的监督。

第三十四条 住宅专项维修资金专用票据的购领、使用、保存、核销管理，应当按照财政部以及省、自治区、直辖市人民政府财政部门的有关规定执行，并接受财政部门的监督检查。

第五章 法律责任

第三十五条 公有住房售房单位有下列行为之一的，由县级以上地方人民政府财政部门会同同级建设（房地产）主管部门责令限期改正：

（一）未按本办法第八条、第十二条第三款规定交存住宅专项维修资金的；

（二）违反本办法第十三条规定将房屋交付买受人的；

（三）未按本办法第二十一条规定分摊维修、更新和改造费用的。

第三十六条 开发建设单位违反本办法第十三条规定将房屋交付买受人的，由县级以上地方人民政府建设（房地产）主管部门责令限期改正；逾期不改正的，处以3万元以下的罚款。

开发建设单位未按本办法第二十一条规定分摊维修、更新和改造费用的，由县级以上地方人民政府建设（房地产）主管部门责令限期改正；逾期不改正的，处以1万元以下的罚款。

第三十七条 违反本办法规定，挪用住宅专项维修资金的，由县级以上地方人民政府建设（房地产）主管部门追回挪用的住宅专项维修资金，没收违法所得，可以并处挪用金额2倍以下的罚款；构成犯罪的，依法追究直接负责的主管人员和其他直接责任人员的刑事责任。

物业服务企业挪用住宅专项维修资金，情节严重的，除按前款规定予以处罚外，还应由颁发资质证书的部门吊销资质证书。①

直辖市、市、县人民政府建设（房地产）主管部门挪用住宅专项维修资金的，由上一级人民政府建设（房地产）主管部门追回挪用的住宅专项维修资金，对直接负责的主管人员和其他直接责任人员依法给予处分；构成犯罪的，依法追究刑事责任。

直辖市、市、县人民政府财政部门挪用住宅专项维修资金的，由上一级人民政府财政部门追回挪用的住宅专项维修资金，对直接负责的主管人员和其他直接责任人员依法给予处分；构成犯罪的，依法追究刑事责任。

第三十八条 直辖市、市、县人民政府建设（房地产）主管部门

① 《物业管理条例》2018年3月19日修订时已删除该款内容的规定。

违反本办法第二十六条规定的，由上一级人民政府建设（房地产）主管部门责令限期改正，对直接负责的主管人员和其他直接责任人员依法给予处分；造成损失的，依法赔偿；构成犯罪的，依法追究刑事责任。

直辖市、市、县人民政府财政部门违反本办法第二十六条规定的，由上一级人民政府财政部门责令限期改正，对直接负责的主管人员和其他直接责任人员依法给予处分；造成损失的，依法赔偿；构成犯罪的，依法追究刑事责任。

业主大会违反本办法第二十六条规定的，由直辖市、市、县人民政府建设（房地产）主管部门责令改正。

第三十九条 对违反住宅专项维修资金专用票据管理规定的行为，按照《财政违法行为处罚处分条例》的有关规定追究法律责任。

第四十条 县级以上人民政府建设（房地产）主管部门、财政部门及其工作人员利用职务上的便利，收受他人财物或者其他好处，不依法履行监督管理职责，或者发现违法行为不予查处的，依法给予处分；构成犯罪的，依法追究刑事责任。

第六章 附 则

第四十一条 省、自治区、直辖市人民政府建设（房地产）主管部门会同同级财政部门可以依据本办法，制定实施细则。

第四十二条 本办法实施前，商品住宅、公有住房已经出售但未建立住宅专项维修资金的，应当补建。具体办法由省、自治区、直辖市人民政府建设（房地产）主管部门会同同级财政部门依据本办法制定。

第四十三条 本办法由国务院建设主管部门、财政部门共同解释。

第四十四条 本办法自 2008 年 2 月 1 日起施行，1998 年 12 月 16 日建设部、财政部发布的《住宅共用部位共用设施设备维修基金管理办法》（建住房〔1998〕213 号）同时废止。

中央国家机关住宅专项维修资金管理办法

（2008年11月22日　国管房改〔2008〕346号）

第一章　总　　则

第一条　为加强中央国家机关住宅专项维修资金管理，保障住宅共用部位、共用设施设备的维修和正常使用，维护职工的合法权益，根据《中华人民共和国物权法》、《物业管理条例》和《住宅专项维修资金管理办法》（建设部、财政部第165号令），结合中央国家机关实际，制定本办法。

第二条　本办法适用于中央国家机关已售公有住房、职工住宅以及参照经济适用住房价格出售的旧有住房住宅专项维修资金的管理。

本办法所称中央国家机关，包括全国人大机关，国务院各部门和直属事业单位，全国政协机关，最高人民法院、最高人民检察院，以及各人民团体。

中央国家机关所属企业事业单位及中央在京企业按照本办法执行。

第三条　本办法所称中央国家机关住宅专项维修资金，是指由售房单位按一定比例提取和职工按规定交存，专项用于住宅共用部位、共用设施设备保修期满后的维修和更新、改造的资金。

第四条　本办法所称住宅共用部位，是指根据法律、法规和房屋买卖合同，由单幢住宅内业主或者单幢住宅内业主及与之结构相连的非住宅业主共有的部位，包括住宅的基础、承重墙体、柱、梁、楼板、屋顶以及户外的墙面、门厅、楼梯间、走廊通道等。

本办法所称住宅共用设施设备，是指根据法律、法规和房屋买卖合同，由住宅业主或者住宅业主及有关非住宅业主共有的附属设施设备，包括电梯、天线、照明、消防设施、绿地、道路、路灯、沟渠、池、井、非经营性车场车库、公益性文体设施和共用设施设备使用的房屋等。

第五条 国务院机关事务管理局作为中央国家机关住宅专项维修资金的管理部门（以下称主管部门），负责中央国家机关住宅专项维修资金的管理和监督工作。

第六条 住宅专项维修资金管理实行专户存储、专款专用、业主决策、主管部门监管的原则。

第二章 交 存

第七条 下列住宅或非住宅的业主按照本办法的规定交存住宅专项维修资金：

（一）中央国家机关已售公有住房、职工住宅以及参照经济适用住房价格出售的旧有住房；

（二）住宅小区内的非住宅或者住宅小区外与住宅小区内住宅结构相连的非住宅。

前款已售公有住房的售房单位，应当按照本办法的规定交存住宅专项维修资金。

第八条 出售公有住房的住宅专项维修资金，按照下列规定交存：

（一）业主按照所拥有物业的建筑面积交存住宅专项维修资金，每平方米建筑面积交存首期住宅专项维修资金的数额为当年房改成本价的2%。

（二）售房单位按照多层住宅竣工10年以下25%、竣工10年（含）以上35%，高层住宅竣工10年以下35%、竣工10年（含）以上40%的比例，从其售房款中一次性提取住宅专项维修资金。

主管部门可根据房屋的实际状况及维修资金的使用情况，调整售房单位从售房款中提取住宅专项维修资金的比例。

第九条 职工住宅、参照经济适用住房价格出售的旧有住房和非住宅的业主，按照所拥有物业的建筑面积交存住宅专项维修资金，每平方米建筑面积交存首期住宅专项维修资金的数额为北京地区住宅每平方米建筑面积建筑安装工程造价的7%。售房单位代为收取的住宅专项维修资金不计入住宅销售收入。

每平方米建筑面积交存首期住宅专项维修资金的数额，依据北京市人民政府建设主管部门公布的北京地区每平方米建筑面积住宅建筑安装工程造价计算确定；北京市人民政府建设主管部门未公布建筑安装工程造价时，由主管部门对中央国家机关职工住宅建筑安装工程的造价进行调查测算，按照中央国家机关职工住宅建筑安装工程的平均造价进行确定，并适时调整。

第十条 业主交存的住宅专项维修资金属于业主所有。

从公有住房售房款中提取的住宅专项维修资金属于公有住房售房单位所有。

第十一条 已按《中央国家机关公有住房共用部位共用设施设备维修基金归集使用管理暂行办法》（国管房改字〔2000〕66号）和北京市《关于归集住宅共用部位共用设施设备维修基金的通知》（京房地物字〔1999〕第1088号）规定的交存标准足额交存住宅专项维修资金的业主，不再进行调整；已部分交存住宅专项维修资金的业主，按照原规定补交；尚未交存住宅专项维修资金的业主，按照本办法补交。

参照经济适用住房价格出售已售公有住房时，原有住宅专项维修资金分户账中的结余资金高于应交存数额的，受让人不再交纳；分户账中的结余资金低于应交存数额的，受让人须补交不足部分。

第十二条 业主在办理房屋入住手续前，应将首期住宅专项维修资金交售房单位。售房单位在收到住宅专项维修资金起30日内，将其存入住宅专项维修资金专户。以房改成本价出售公有住房的售房单位，同时将从售房款中提取的住宅专项维修资金由售房款专户划转到住宅专项维修资金专户。

第十三条 未按本办法规定交存首期住宅专项维修资金的，售房单位不得将房屋交付购买人。

第十四条 代收住宅专项维修资金的单位，须出具由财政部统一监制的住宅专项维修资金专用票据。专用票据的购领、使用、保存、核销按照财政部的有关规定执行。

第十五条 业主住宅专项维修资金分户账面余额不足首期交存额30%的，或维修项目所需金额较大、住宅专项维修资金余额不敷使用时，须及时续交。续交后的住宅专项维修资金不得低于首期住宅专项维修资金应交存数额。

成立业主大会的，住宅专项维修资金续交方案由业主大会决定。

未成立业主大会的，住宅专项维修资金续交方案由售房单位或物业服务单位制定，经物业管理区域内专有部分占建筑物总面积三分之二以上的业主且占总人数三分之二以上的业主讨论同意后实施。

第三章 使 用

第十六条 住宅专项维修资金专项用于住宅共用部位、共用设施设备保修期满后的维修和更新、改造，不得挪作他用。

第十七条 住宅共用部位、共用设施设备的维修和更新、改造费用，按照下列规定分摊：

（一）职工住宅之间或者职工住宅与非住宅之间共用部位、共用设施设备的维修和更新、改造费用，由相关业主按照各自拥有物业建筑面积的比例分摊。

（二）已售公有住房之间共用部位、共用设施设备的维修和更新、改造费用，由相关业主和公有住房售房单位按照所交存住宅专项维修资金的比例分摊；其中，应由业主承担的，再由相关业主按照各自拥有物业建筑面积的比例分摊。

（三）已售公有住房、职工住宅及参照经济适用住房价格出售的旧有住房与商品住宅或者非住宅之间共用部位、共用设施设备的维修和更新、改造费用，按照建筑面积比例分摊到各相关物业。其中，已售公有住房应分摊的费用，再由相关业主和公有住房售房单位按照交存住宅专项维修资金的比例分摊。

第十八条 住宅共用部位、共用设施设备维修和更新、改造，涉及尚未建立、补交或续交住宅专项维修资金的住宅、非住宅的，相关业主、开发建设单位或者公有住房售房单位应当按照尚未建立、补交或续交住宅专项维修资金的物业建筑面积，分摊维修和更新、改造费用。

第十九条 业主大会成立前，需要使用住宅专项维修资金的，按照以下程序办理：

（一）相关业主、售房单位或物业服务单位提出维修和更新、改造项目的使用意见，售房单位或物业服务单位将维修和更新、改造项目的内容、范围、费用、时间等向涉及物业的业主公告；

（二）住宅专项维修资金列支范围内专有部分占建筑物总面积三分之二以上的业主且占总人数三分之二以上的业主同意；

（三）售房单位持有关材料，向主管部门申请列支；

（四）主管部门审核同意后，向有关专户管理银行发出划转住宅专项维修资金的通知；

（五）有关专户管理银行将所需住宅专项维修资金划转至售房单位；

（六）售房单位、物业服务单位或者相关业主组织实施。

第二十条 业主大会成立后，需要使用住宅专项维修资金的，按照以下程序办理：

（一）业主委员会根据相关业主、售房单位或物业服务单位的意见制定使用方案。使用方案包括维修和更新、改造项目的内容、范围、费用、时间，发生危及房屋安全等情况以及其他需临时使用住宅专项维修资金情况的处置办法等；

（二）使用方案提交业主大会讨论，经物业管理区域内专有部分占建筑物总面积三分之二以上的业主且占总人数三分之二以上的业主同意；

（三）经业主大会授权的单位或相关业主制定使用方案；

（四）经业主大会授权的单位或相关业主持有关材料向业主委员会提出使用住宅专项维修资金的申请。其中，动用公有住房住宅专项维修资金的，由售房单位向主管部门申请列支；

（五）业主委员会批准同意，并报主管部门备案；动用公有住房住宅专项维修资金的，须经主管部门审核同意。对不符合有关法律、法规、规章的，责令其改正；

（六）业主委员会、主管部门向有关专户管理银行发出划转住宅专项维修资金的通知；

（七）有关专户管理银行将所需的住宅专项维修资金划转至申请单位。

第二十一条 发生危及房屋安全等紧急情况，需要立即对住宅共用部位、共用设施设备进行维修和更新、改造的，按照以下规定列支住宅专项维修资金：

（一）住宅专项维修资金划转业主大会管理前，物业服务单位应当制定住宅专项维修资金应急支取预案，预案经物业管理区域内专有部分占建筑物总面积三分之二以上的业主且占总人数三分之二以上的业主同意后实施。出现紧急情况时，应按照预案先行处置，再按照本办法第十九条第三项、第四项、第五项、第六项的规定办理；

（二）住宅专项维修资金划转业主大会管理后，按照本办法第二十条第四项、第五项、第六项和第七项的规定办理。

发生前款情况后，未按规定实施维修和更新、改造的，主管部门可以组织物业服务单位或售房单位代修，所需费用按照本办法第十七条确定的分摊办法从相关业主住宅专项维修资金中列支。

第二十二条 下列费用不得从住宅专项维修资金中列支：

（一）依法应当由建设单位或者施工单位承担的住宅共用部位、共用设施设备维修、更新和改造费用；

（二）依法应当由相关单位承担的供水、供电、供气、供热、通讯、有线电视等管线和设施设备的维修、养护费用；

（三）应当由当事人承担的因人为损坏住宅共用部位、共用设施设备所需的修复费用；

（四）根据物业服务合同约定，明确由物业服务单位承担的住宅共用部位、共用设施设备的维修和养护费用。

（五）按照国家规定，应当由单位和个人承担的其他费用。

第四章 账户管理

第二十三条 住宅专项维修资金划转业主大会管理前，由主管部门负责管理。主管部门委托商业银行作为中央国家机关住宅专项维修资金的专户管理银行，开立住宅专项维修资金专户，按照售房单位设账，按幢和房屋户门号设分户账。

第二十四条 业主大会成立后，经物业管理区域内专有部分占建筑物总面积三分之二以上的业主且占总人数三分之二的业主同意自主管理的，按照下列规定划转业主交存的住宅专项维修资金：

（一）业主大会委托所在地一家商业银行为本物业管理区域内住宅专项维修资金的专户管理银行。候选专户管理银行由主管部门通过招标方式确定。

（二）业主大会在专户管理银行开立住宅专项维修资金专户，以物业管理区域为单位设账，按房屋户门号设分户账。

（三）业主委员会通知主管部门。

（四）主管部门在收到通知之日起30日内，通知售房单位和专户管理银行将该物业管理区域内业主交存的住宅专项维修资金账面余额划转至业主大会开立的住宅专项维修资金账户，并将有关账目等移交业主委员会。

第二十五条 业主大会可委托业主委员会、会计师事务所等组织或单位，管理账户开户后的账目管理业务。业主大会须建立住宅专项维修资金管理制度。

专户管理银行、账目管理单位和业主大会开立的资金账户接受主管部门的监督。

第二十六条 房屋所有权转让时，业主须向受让人说明住宅专项维修资金交存和结余情况并出具有效证明，该房屋分户账中结余的住宅专项维修资金随房屋所有权同时过户。

受让人持住宅专项维修资金过户协议、房屋权属证书、身份证明等到专户管理银行办理分户账更名手续。

第二十七条 房屋灭失的，按照以下规定返还住宅专项维修资金：

（一）房屋分户账中结余的住宅专项维修资金返还业主；

（二）售房单位交存的住宅专项维修资金账面余额返还售房单位。售房单位不存在而有上级单位的，返还其上级单位；售房单位不存在且无上级单位的，收缴国库。

第二十八条 专户管理银行每年至少一次向主管部门、售房单位及业主委员会发送住宅专项维修资金对账单。

主管部门、售房单位及业主委员会对资金账户变化情况持有异议的，可以要求专户管理银行进行复核。

专户管理银行须建立住宅专项维修资金查询制度，接受业主、售房单位对其分户账中住宅专项维修资金使用、增值收益和账面余额的查询。

第二十九条 主管部门、业主委员会每年至少一次与专户管理银行核对住宅专项维修资金账目，并向业主、售房单位公布下列情况：

（一）住宅专项维修资金交存、使用、增值收益和结存的总额；

（二）发生列支的项目、费用和分摊情况；

（三）业主、售房单位分户账中住宅专项维修资金交存、使用、增值收益和结存的金额；

（四）其他有关住宅专项维修资金使用和管理情况。

业主、售房单位对公布的上述情况持有异议的，可以要求复核。

第三十条 住宅专项维修资金的财务管理和会计核算执行财政部门的有关规定。

第五章 保 值 增 值

第三十一条 在保证住宅专项维修资金正常使用的前提下，业主大会、售房单位或主管部门可以按照国家有关规定，制定住宅专项维修资金组合存储和购买国债的计划，实现住宅专项维修资金保值增值。

第三十二条 利用住宅专项维修资金购买国债，须在银行间债券市场或者商业银行柜台市场购买一级市场新发行的国债，并持有到期。

禁止利用住宅专项维修资金从事国债回购、委托理财业务或者将购买的国债用于质押、抵押等担保行为。

第三十三条 划转业主大会管理的住宅专项维修资金，须保证住宅专项维修资金的正常使用。在此前提下，业主大会可制定住宅专项维修资金保值增值计划，经专有部分占建筑物总面积三分之二以上的业主且占总人数三分之二以上的业主同意后实施。

第三十四条 对代管的住宅专项维修资金，业主或售房单位已制定保值增值计划的，由主管部门根据保值增值计划组织实施；业主或售房单位未制定保值增值计划的，可由主管部门制定该计划并组织实施。

第三十五条 住宅专项维修资金的存储利息和购买国债的增值收益，全部转入住宅专项维修资金滚存使用。

利用住宅共用部位、共用设施设备进行经营的所得收益，以及住宅共用设施设备报废后回收的残值，转入住宅专项维修资金滚存使用，但业主大会另有决定的除外。

第六章 附 则

第三十六条 建设、财政、审计等部门对住宅专项维修资金的管理和使用，依法实施监督检查。

第三十七条 业主、业主大会、开发建设单位、售房单位、物业服务单位以及相关人员违反住宅专项维修资金管理规定的，按照《住宅专项维修资金管理办法》的有关规定处理。

第三十八条 本办法由国务院机关事务管理局负责解释。

第三十九条 本办法自2009年1月1日起施行。2000年4月11

日印发的《中央国家机关公有住房共用部位共用设施设备维修基金归集使用管理暂行办法》（国管房改字〔2000〕66号）同时废止。其他有关中央国家机关住宅专项维修资金的管理规定与本办法不一致的，以本办法为准。

住宅室内装饰装修管理办法

（2002年3月5日建设部令第110号公布　根据2011年1月26日《住房和城乡建设部关于废止和修改部分规章的决定》修订）

第一章　总　　则

第一条　为加强住宅室内装饰装修管理，保证装饰装修工程质量和安全，维护公共安全和公众利益，根据有关法律、法规，制定本办法。

第二条　在城市从事住宅室内装饰装修活动，实施对住宅室内装饰装修活动的监督管理，应当遵守本办法。

本办法所称住宅室内装饰装修，是指住宅竣工验收合格后，业主或者住宅使用人（以下简称装修人）对住宅室内进行装饰装修的建筑活动。

第三条　住宅室内装饰装修应当保证工程质量和安全，符合工程建设强制性标准。

第四条　国务院建设行政主管部门负责全国住宅室内装饰装修活动的管理工作。

省、自治区人民政府建设行政主管部门负责本行政区域内的住宅室内装饰装修活动的管理工作。

直辖市、市、县人民政府房地产行政主管部门负责本行政区域内的住宅室内装饰装修活动的管理工作。

第二章 一般规定

第五条 住宅室内装饰装修活动，禁止下列行为：

（一）未经原设计单位或者具有相应资质等级的设计单位提出设计方案，变动建筑主体和承重结构；

（二）将没有防水要求的房间或者阳台改为卫生间、厨房间；

（三）扩大承重墙上原有的门窗尺寸，拆除连接阳台的砖、混凝土墙体；

（四）损坏房屋原有节能设施，降低节能效果；

（五）其他影响建筑结构和使用安全的行为。

本办法所称建筑主体，是指建筑实体的结构构造，包括屋盖、楼盖、梁、柱、支撑、墙体、连接接点和基础等。

本办法所称承重结构，是指直接将本身自重与各种外加作用力系统地传递给基础地基的主要结构构件和其连接接点，包括承重墙体、立杆、柱、框架柱、支墩、楼板、梁、屋架、悬索等。

第六条 装修人从事住宅室内装饰装修活动，未经批准，不得有下列行为：

（一）搭建建筑物、构筑物；

（二）改变住宅外立面，在非承重外墙上开门、窗；

（三）拆改供暖管道和设施；

（四）拆改燃气管道和设施。

本条所列第（一）项、第（二）项行为，应当经城市规划行政主管部门批准；第（三）项行为，应当经供暖管理单位批准；第（四）项行为应当经燃气管理单位批准。

第七条 住宅室内装饰装修超过设计标准或者规范增加楼面荷载的，应当经原设计单位或者具有相应资质等级的设计单位提出设计方案。

第八条 改动卫生间、厨房间防水层的，应当按照防水标准制订施工方案，并做闭水试验。

第九条 装修人经原设计单位或者具有相应资质等级的设计单位提出设计方案变动建筑主体和承重结构的，或者装修活动涉及本办法第六条、第七条、第八条内容的，必须委托具有相应资质的装饰装修企业承担。

第十条 装饰装修企业必须按照工程建设强制性标准和其他技术标准施工，不得偷工减料，确保装饰装修工程质量。

第十一条 装饰装修企业从事住宅室内装饰装修活动，应当遵守施工安全操作规程，按照规定采取必要的安全防护和消防措施，不得擅自动用明火和进行焊接作业，保证作业人员和周围住房及财产的安全。

第十二条 装修人和装饰装修企业从事住宅室内装饰装修活动，不得侵占公共空间，不得损害公共部位和设施。

第三章　开工申报与监督

第十三条 装修人在住宅室内装饰装修工程开工前，应当向物业管理企业或者房屋管理机构（以下简称物业管理单位）申报登记。

非业主的住宅使用人对住宅室内进行装饰装修，应当取得业主的书面同意。

第十四条 申报登记应当提交下列材料：

（一）房屋所有权证（或者证明其合法权益的有效凭证）；

（二）申请人身份证件；

（三）装饰装修方案；

（四）变动建筑主体或者承重结构的，需提交原设计单位或者具有相应资质等级的设计单位提出的设计方案；

（五）涉及本办法第六条行为的，需提交有关部门的批准文件，涉及本办法第七条、第八条行为的，需提交设计方案或者施工方案；

（六）委托装饰装修企业施工的，需提供该企业相关资质证书的复印件。

非业主的住宅使用人，还需提供业主同意装饰装修的书面证明。

第十五条 物业管理单位应当将住宅室内装饰装修工程的禁止行为和注意事项告知装修人和装修人委托的装饰装修企业。

装修人对住宅进行装饰装修前，应当告知邻里。

第十六条 装修人，或者装修人和装饰装修企业，应当与物业管理单位签订住宅室内装饰装修管理服务协议。

住宅室内装饰装修管理服务协议应当包括下列内容：

（一）装饰装修工程的实施内容；

（二）装饰装修工程的实施期限；

（三）允许施工的时间；

（四）废弃物的清运与处置；

（五）住宅外立面设施及防盗窗的安装要求；

（六）禁止行为和注意事项；

（七）管理服务费用；

（八）违约责任；

（九）其他需要约定的事项。

第十七条 物业管理单位应当按照住宅室内装饰装修管理服务协议实施管理，发现装修人或者装饰装修企业有本办法第五条行为的，或者未经有关部门批准实施本办法第六条所列行为的，或者有违反本办法第七条、第八条、第九条规定行为的，应当立即制止；已造成事实后果或者拒不改正的，应当及时报告有关部门依法处理。对装修人或者装饰装修企业违反住宅室内装饰装修管理服务协议的，追究违约责任。

第十八条 有关部门接到物业管理单位关于装修人或者装饰装修企业有违反本办法行为的报告后，应当及时到现场检查核实，依法处理。

第十九条 禁止物业管理单位向装修人指派装饰装修企业或者强行推销装饰装修材料。

第二十条 装修人不得拒绝和阻碍物业管理单位依据住宅室内装

饰装修管理服务协议的约定，对住宅室内装饰装修活动的监督检查。

第二十一条 任何单位和个人对住宅室内装饰装修中出现的影响公众利益的质量事故、质量缺陷以及其他影响周围住户正常生活的行为，都有权检举、控告、投诉。

第四章 委托与承接

第二十二条 承接住宅室内装饰装修工程的装饰装修企业，必须经建设行政主管部门资质审查，取得相应的建筑业企业资质证书，并在其资质等级许可的范围内承揽工程。

第二十三条 装修人委托企业承接其装饰装修工程的，应当选择具有相应资质等级的装饰装修企业。

第二十四条 装修人与装饰装修企业应当签订住宅室内装饰装修书面合同，明确双方的权利和义务。

住宅室内装饰装修合同应当包括下列主要内容：

（一）委托人和被委托人的姓名或者单位名称、住所地址、联系电话；

（二）住宅室内装饰装修的房屋间数、建筑面积，装饰装修的项目、方式、规格、质量要求以及质量验收方式；

（三）装饰装修工程的开工、竣工时间；

（四）装饰装修工程保修的内容、期限；

（五）装饰装修工程价格，计价和支付方式、时间；

（六）合同变更和解除的条件；

（七）违约责任及解决纠纷的途径；

（八）合同的生效时间；

（九）双方认为需要明确的其他条款。

第二十五条 住宅室内装饰装修工程发生纠纷的，可以协商或者调解解决。不愿协商、调解或者协商、调解不成的，可以依法申请仲裁或者向人民法院起诉。

第五章 室内环境质量

第二十六条 装饰装修企业从事住宅室内装饰装修活动，应当严格遵守规定的装饰装修施工时间，降低施工噪音，减少环境污染。

第二十七条 住宅室内装饰装修过程中所形成的各种固体、可燃液体等废物，应当按照规定的位置、方式和时间堆放和清运。严禁违反规定将各种固体、可燃液体等废物堆放于住宅垃圾道、楼道或者其他地方。

第二十八条 住宅室内装饰装修工程使用的材料和设备必须符合国家标准，有质量检验合格证明和有中文标识的产品名称、规格、型号、生产厂厂名、厂址等。禁止使用国家明令淘汰的建筑装饰装修材料和设备。

第二十九条 装修人委托企业对住宅室内进行装饰装修的，装饰装修工程竣工后，空气质量应当符合国家有关标准。装修人可以委托有资格的检测单位对空气质量进行检测。检测不合格的，装饰装修企业应当返工，并由责任人承担相应损失。

第六章 竣工验收与保修

第三十条 住宅室内装饰装修工程竣工后，装修人应当按照工程设计合同约定和相应的质量标准进行验收。验收合格后，装饰装修企业应当出具住宅室内装饰装修质量保修书。

物业管理单位应当按照装饰装修管理服务协议进行现场检查，对违反法律、法规和装饰装修管理服务协议的，应当要求装修人和装饰装修企业纠正，并将检查记录存档。

第三十一条 住宅室内装饰装修工程竣工后，装饰装修企业负责采购装饰装修材料及设备的，应当向业主提交说明书、保修单和环保说明书。

第三十二条　在正常使用条件下，住宅室内装饰装修工程的最低保修期限为二年，有防水要求的厨房、卫生间和外墙面的防渗漏为五年。保修期自住宅室内装饰装修工程竣工验收合格之日起计算。

第七章　法律责任

第三十三条　因住宅室内装饰装修活动造成相邻住宅的管道堵塞、渗漏水、停水停电、物品毁坏等，装修人应当负责修复和赔偿；属于装饰装修企业责任的，装修人可以向装饰装修企业追偿。

装修人擅自拆改供暖、燃气管道和设施造成损失的，由装修人负责赔偿。

第三十四条　装修人因住宅室内装饰装修活动侵占公共空间，对公共部位和设施造成损害的，由城市房地产行政主管部门责令改正，造成损失的，依法承担赔偿责任。

第三十五条　装修人未申报登记进行住宅室内装饰装修活动的，由城市房地产行政主管部门责令改正，处 500 元以上 1000 元以下的罚款。

第三十六条　装修人违反本办法规定，将住宅室内装饰装修工程委托给不具有相应资质等级企业的，由城市房地产行政主管部门责令改正，处 500 元以上 1000 元以下的罚款。

第三十七条　装饰装修企业自行采购或者向装修人推荐使用不符合国家标准的装饰装修材料，造成空气污染超标的，由城市房地产行政主管部门责令改正，造成损失的，依法承担赔偿责任。

第三十八条　住宅室内装饰装修活动有下列行为之一的，由城市房地产行政主管部门责令改正，并处罚款：

（一）将没有防水要求的房间或者阳台改为卫生间、厨房间的，或者拆除连接阳台的砖、混凝土墙体的，对装修人处 500 元以上 1000 元以下的罚款，对装饰装修企业处 1000 元以上 1 万元以下的罚款；

（二）损坏房屋原有节能设施或者降低节能效果的，对装饰装修企业处 1000 元以上 5000 元以下的罚款；

（三）擅自拆改供暖、燃气管道和设施的，对装修人处 500 元以上 1000 元以下的罚款；

（四）未经原设计单位或者具有相应资质等级的设计单位提出设计方案，擅自超过设计标准或者规范增加楼面荷载的，对装修人处 500 元以上 1000 元以下的罚款，对装饰装修企业处 1000 元以上 1 万元以下的罚款。

第三十九条　未经城市规划行政主管部门批准，在住宅室内装饰装修活动中搭建建筑物、构筑物的，或者擅自改变住宅外立面、在非承重外墙上开门、窗的，由城市规划行政主管部门按照《中华人民共和国城乡规划法》及相关法规的规定处罚。

第四十条　装修人或者装饰装修企业违反《建设工程质量管理条例》的，由建设行政主管部门按照有关规定处罚。

第四十一条　装饰装修企业违反国家有关安全生产规定和安全生产技术规程，不按照规定采取必要的安全防护和消防措施，擅自动用明火作业和进行焊接作业的，或者对建筑安全事故隐患不采取措施予以消除的，由建设行政主管部门责令改正，并处 1000 元以上 1 万元以下的罚款；情节严重的，责令停业整顿，并处 1 万元以上 3 万元以下的罚款；造成重大安全事故的，降低资质等级或者吊销资质证书。

第四十二条　物业管理单位发现装修人或者装饰装修企业有违反本办法规定的行为不及时向有关部门报告的，由房地产行政主管部门给予警告，可处装饰装修管理服务协议约定的装饰装修管理服务费 2 至 3 倍的罚款。

第四十三条　有关部门的工作人员接到物业管理单位对装修人或者装饰装修企业违法行为的报告后，未及时处理，玩忽职守的，依法给予行政处分。

第八章　附　　则

第四十四条　工程投资额在30万元以下或者建筑面积在300平方米以下，可以不申请办理施工许可证的非住宅装饰装修活动参照本办法执行。

第四十五条　住宅竣工验收合格前的装饰装修工程管理，按照《建设工程质量管理条例》执行。

第四十六条　省、自治区、直辖市人民政府建设行政主管部门可以依据本办法，制定实施细则。

第四十七条　本办法由国务院建设行政主管部门负责解释。

第四十八条　本办法自2002年5月1日起施行。

前期物业服务合同（示范文本）[①]

甲　方：________________________；
法定代表人：____________________；
住所地：________________________；
邮　编：________________________；

乙　方：________________________；
法定代表人：____________________；
住所地：________________________；
邮　编：________________________；
资质等级：______________________；
证书编号：______________________。

根据《物业管理条例》和相关法律、法规、政策，甲乙双方在自愿、平等、协商一致的基础上，就甲方选聘乙方对________（物业名称）提供前期物业管理服务事宜，订立本合同。

第一章　物业基本情况

第一条　物业基本情况：
物业名称________________________；
物业类型________________________；

---

① 来源：《建设部关于印发〈前期物业服务合同（示范文本）〉的通知》（2004年9月6日　建住房〔2004〕155号）。

座落位置 ______________________；

建筑面积 ______________________。

物业管理区域四至：

东至________；

南至________；

西至________；

北至________。

（规划平面图见附件一，物业构成明细见附件二。）

第二章 服务内容与质量

第二条 在物业管理区域内，乙方提供的前期物业管理服务包括以下内容：

1. 物业共用部位的维修、养护和管理（物业共用部位明细见附件三）；

2. 物业共用设施设备的运行、维修、养护和管理（物业共用设施设备明细见附件四）；

3. 物业共用部位和相关场地的清洁卫生，垃圾的收集、清运及雨、污水管道的疏通；

4. 公共绿化的养护和管理；

5. 车辆停放管理；

6. 公共秩序维护、安全防范等事项的协助管理；

7. 装饰装修管理服务；

8. 物业档案资料管理。

第三条 在物业管理区域内，乙方提供的其他服务包括以下事项：

1. ____________________________；

2. ____________________________；

3. ____________________________。

第四条 乙方提供的前期物业管理服务应达到约定的质量标准（前期物业管理服务质量标准见附件五）。

第五条 单个业主可委托乙方对其物业的专有部分提供维修养护等服务，服务内容和费用由双方另行商定。

第三章 服务费用

第六条 本物业管理区域物业服务收费选择以下第________种方式：

1. 包干制

________物业服务费用由业主按其拥有物业的建筑面积交纳，具体标准如下：

多层住宅：________元/月・平方米；

高层住宅：________元/月・平方米；

别墅：________元/月・平方米；

办公楼：________元/月・平方米；

商业物业：________元/月・平方米；

物业：________元/月・平方米。

物业服务费用主要用于以下开支：

（1）管理服务人员的工资、社会保险和按规定提取的福利费等；

（2）物业共用部位、共用设施设备的日常运行、维护费用；

（3）物业管理区域清洁卫生费用；

（4）物业管理区域绿化养护费用；

（5）物业管理区域秩序维护费用；

（6）办公费用；

（7）物业管理企业固定资产折旧；

（8）物业共用部位、共用设施设备及公众责任保险费用；

（9）法定税费；

（10）物业管理企业的利润；

（11）__________________________。

乙方按照上述标准收取物业服务费用，并按本合同约定的服务内容和质量标准提供服务，盈余或亏损由乙方享有或承担。

2. 酬金制

物业服务资金由业主按其拥有物业的建筑面积预先交纳，具体标准如下：

多层住宅：________元/月·平方米；

高层住宅：________元/月·平方米；

别墅：________元/月·平方米；

办公楼：________元/月·平方米；

商业物业：________元/月·平方米；

物业：________元/月·平方米。

________预收的物业服务资金由物业服务支出和乙方的酬金构成。

物业服务支出为所交纳的业主所有，由乙方代管，主要用于以下开支：

（1）管理服务人员的工资、社会保险和按规定提取的福利费等；

（2）物业共用部位、共用设施设备的日常运行、维护费用；

（3）物业管理区域清洁卫生费用；

（4）物业管理区域绿化养护费用；

（5）物业管理区域秩序维护费用；

（6）办公费用；

（7）物业管理企业固定资产折旧；

（8）物业共用部位、共用设施设备及公众责任保险费用；

（9）__________________________。

乙方采取以下第____种方式提取酬金：

（1）乙方按_____（每月/每季/每年）元的标准从预收的物业服务资金中提取。

（2）乙方_____（每月/每季/每年）按应收的物业服务资金____%的比例提取。

物业服务支出应全部用于本合同约定的支出。物业服务支出年度结算后结余部分，转入下一年度继续使用；物业服务支出年度结算后不足部分，由全体业主承担。

第七条 业主应于________之日起交纳物业服务费用（物业服务资金）。

纳入物业管理范围的已竣工但尚未出售，或者因甲方原因未能按时交给物业买受人的物业，其物业服务费用（物业服务资金）由甲方全额交纳。

业主与物业使用人约定由物业使用人交纳物业服务费用（物业服务资金）的，从其约定，业主负连带交纳责任。业主与物业使用人之间的交费约定，业主应及时书面告知乙方。

物业服务费用（物业服务资金）按________（年/季/月）交纳，业主或物业使用人应在________（每次缴费的具体时间）履行交纳义务。

第八条 物业服务费用实行酬金制方式计费的，乙方应向全体业主公布物业管理年度计划和物业服务资金年度预决算，并每年________次向全体业主公布物业服务资金的收支情况。

对物业服务资金收支情况有争议的，甲乙双方同意采取以下方式解决：

1. ______________________________；

2. ______________________________。

第四章 物业的经营与管理

第九条 停车场收费分别采取以下方式：

1. 停车场属于全体业主共有的，车位使用人应按露天车位________元/个·月、车库车位________元/个·月的标准向乙方交纳停车费。

乙方从停车费中按露天车位________元/个·月、车库车位________

____元/个·月的标准提取停车管理服务费。

2. 停车场属于甲方所有、委托乙方管理的，业主和物业使用人有优先使用权，车位使用人应按露天车位________元/个·月、车库车位________元/个·月的标准向乙方交纳停车费。

乙方从停车费中按露天车位________元/个·月、车库车位____元/个·月的标准提取停车管理服务费。

3. 停车场车位所有权或使用权由业主购置的，车位使用人应按露天车位________元/个·月、车库车位________元/个·月的标准向乙方交纳停车管理服务费。

第十条 乙方应与停车场车位使用人签订书面的停车管理服务协议，明确双方在车位使用及停车管理服务等方面的权利义务。

第十一条 本物业管理区域内的会所属________（全体业主/甲方）所有。

会所委托乙方经营管理的，乙方按下列标准向使用会所的业主或物业使用人收取费用：

1. ______________________________；

2. ______________________________。

第十二条 本物业管理区域内属于全体业主所有的停车场、会所及其他物业共用部位、公用设备设施统一委托乙方经营，经营收入按下列约定分配：

1. ______________________________；

2. ______________________________。

第五章 物业的承接验收

第十三条 乙方承接物业时，甲方应配合乙方对以下物业共用部位、共用设施设备进行查验：

1. ______________________________；

2. ______________________________；

3. ______________________________。

第十四条 甲乙双方确认查验过的物业共用部位、共用设施设备存在以下问题：

1. ______________________________；

2. ______________________________；

3. ______________________________。

甲方应承担解决以上问题的责任，解决办法如下：

1. ______________________________；

2. ______________________________；

3. ______________________________。

第十五条 对于本合同签订后承接的物业共用部位、共用设施设备，甲乙双方应按照前条规定进行查验并签订确认书，作为界定各自在开发建设和物业管理方面承担责任的依据。

第十六条 乙方承接物业时，甲方应向乙方移交下列资料：

1. 竣工总平面图，单体建筑、结构、设备竣工图，配套设施、地下管网工程竣工图等竣工验收资料；

2. 设施设备的安装、使用和维护保养等技术资料；

3. 物业质量保修文件和物业使用说明文件；

4. ______________________________。

第十七条 甲方保证交付使用的物业符合国家规定的验收标准，按照国家规定的保修期限和保修范围承担物业的保修责任。

第六章 物业的使用与维护

第十八条 业主大会成立前，乙方应配合甲方制定本物业管理区域内物业共用部位和共用设施设备的使用、公共秩序和环境卫生的维护等方面的规章制度。

乙方根据规章制度提供管理服务时，甲方、业主和物业使用人应给予必要配合。

第十九条 乙方可采取规劝、________、________等必要措施，制止业主、物业使用人违反本临时公约和物业管理区域内物业管理规章制度的行为。

第二十条 乙方应及时向全体业主通告本物业管理区域内有关物业管理的重大事项，及时处理业主和物业使用人的投诉，接受甲方、业主和物业使用人的监督。

第二十一条 因维修物业或者公共利益，甲方确需临时占用、挖掘本物业管理区域内道路、场地的，应征得相关业主和乙方的同意；乙方确需临时占用、挖掘本物业管理区域内道路、场地的，应征得相关业主和甲方的同意。

临时占用、挖掘本物业管理区域内道路、场地的，应在约定期限内恢复原状。

第二十二条 乙方与装饰装修房屋的业主或物业使用人应签订书面的装饰装修管理服务协议，就允许施工的时间、废弃物的清运与处置、装修管理服务费用等事项进行约定，并事先告知业主或物业使用人装饰装修中的禁止行为和注意事项。

第二十三条 甲方应于________（具体时间）按有关规定向乙方提供能够直接投入使用的物业管理用房。

物业管理用房建筑面积________平方米，其中：办公用房________平方米，位于________；住宿用房________平方米，位于________；________用房________平方米，位于________。

第二十四条 物业管理用房属全体业主所有，乙方在本合同期限内无偿使用，但不得改变其用途。

第七章 专项维修资金

第二十五条 专项维修资金的缴存________________。

第二十六条 专项维修资金的管理________________。

第二十七条 专项维修资金的使用________________。

第二十八条 专项维修资金的续筹______________________。

第八章 违约责任

第二十九条 甲方违反本合同第十三条、第十四条、第十五条的约定，致使乙方的管理服务无法达到本合同第二条、第三条、第四条约定的服务内容和质量标准的，由甲方赔偿由此给业主和物业使用人造成的损失。

第三十条 除前条规定情况外，乙方的管理服务达不到本合同第二条、第三条、第四条约定的服务内容和质量标准，应按__________的标准向甲方、业主支付违约金。

第三十一条 甲方、业主或物业使用人违反本合同第六条、第七条的约定，未能按时足额交纳物业服务费用（物业服务资金）的，应按________的标准向乙方支付违约金。

第三十二条 乙方违反本合同第六条、第七条的约定，擅自提高物业服务费用标准的，业主和物业使用人就超额部分有权拒绝交纳；乙方已经收取的，业主和物业使用人有权要求乙方双倍返还。

第三十三条 甲方违反本合同第十七条的约定，拒绝或拖延履行保修义务的，业主、物业使用人可以自行或委托乙方修复，修复费用及造成的其他损失由甲方承担。

第三十四条 以下情况乙方不承担责任：

1. 因不可抗力导致物业管理服务中断的；

2. 乙方已履行本合同约定义务，但因物业本身固有瑕疵造成损失的；

3. 因维修养护物业共用部位、共用设施设备需要且事先已告知业主和物业使用人，暂时停水、停电、停止共用设施设备使用等造成损失的；

4. 因非乙方责任出现供水、供电、供气、供热、通讯、有线电视及其他共用设施设备运行障碍造成损失的；

5. ____。

第九章 其他事项

第三十五条 本合同期限自____年____月____日起至____年____月____日止；但在本合同期限内，业主委员会代表全体业主与物业管理企业签订的物业服务合同生效时，本合同自动终止。

第三十六条 本合同期满前____月，业主大会尚未成立的，甲、乙双方应就延长本合同期限达成协议；双方未能达成协议的，甲方应在本合同期满前选聘新的物业管理企业。

第三十七条 本合同终止时，乙方应将物业管理用房、物业管理相关资料等属于全体业主所有的财物及时完整地移交给业主委员会；业主委员会尚未成立的，移交给甲方或________代管。

第三十八条 甲方与物业买受人签订的物业买卖合同，应当包含本合同约定的内容；物业买受人签订物业买卖合同，即为对接受本合同内容的承诺。

第三十九条 业主可与物业使用人就本合同的权利义务进行约定，但物业使用人违反本合同约定的，业主应承担连带责任。

第四十条 本合同的附件为本合同不可分割的组成部分，与本合同具有同等法律效力。

第四十一条 本合同未尽事宜，双方可另行以书面形式签订补充协议，补充协议与本合同存在冲突的，以本合同为准。

第四十二条 本合同在履行中发生争议，由双方协商解决，协商不成，双方可选择以下第______种方式处理：

1. 向________仲裁委员会申请仲裁；

2. 向人民法院提起诉讼。

第四十三条 本合同一式____份，甲、乙双方各执____份。

甲方（签章）　　　　　　　　　　　　　　乙方（签章）

法定代表人　　　　　　　　　　　　　　　法定代表人

____年____月____日

附件一（略）

附件二（略）

业主临时公约（示范文本）[1]

第一章 总 则

第一条 根据《物业管理条例》和相关法律、法规、政策，建设单位在销售物业之前，制定本临时公约，对有关物业的使用、维护、管理，业主的共同利益，业主应当履行的义务，违反公约应当承担的责任等事项依法作出约定。

第二条 建设单位应当在物业销售前将本临时公约向物业买受人明示，并予以说明。

物业买受人与建设单位签订物业买卖合同时对本临时公约予以的书面承诺，表示对本临时公约内容的认可。

第三条 本临时公约对建设单位、业主和物业使用人均有约束力。

第四条 建设单位与物业管理企业签订的前期物业服务合同中涉及业主共同利益的约定，应与本临时公约一致。

第二章 物业基本情况

第五条 本物业管理区域内物业的基本情况

物业名称__________；

座落位置__________；

物业类型__________；

建筑面积__________。

---

① 来源：《建设部关于印发〈业主临时公约（示范文本）〉的通知》（2004年9月6日 建住房〔2004〕156号）。

物业管理区域四至：

东至__________；

南至__________；

西至__________；

北至__________。

第六条 根据有关法律法规和物业买卖合同，业主享有以下物业共用部位、共用设施设备的所有权：

1. 由单幢建筑物的全体业主共有的共用部位，包括该幢建筑物的承重结构、主体结构，公共门厅、公共走廊、公共楼梯间、户外墙面、屋面、________、________、________等；

2. 由单幢建筑物的全体业主共有的共用设施设备，包括该幢建筑物内的给排水管道、落水管、水箱、水泵、电梯、冷暖设施、照明设施、消防设施、避雷设施、________、________、________等；

3. 由物业管理区域内全体业主共有的共用部位和共用设施设备，包括围墙、池井、照明设施、共用设施设备使用的房屋、物业管理用房、____________、____________等。

第七条 在本物业管理区域内，根据物业买卖合同，以下部位和设施设备为建设单位所有：

1. __________；

2. __________；

3. __________；

4. __________。

建设单位行使以上部位和设施设备的所有权，不得影响物业买受人正常使用物业。

第三章 物业的使用

第八条 业主对物业的专有部分享有占有、使用、收益和处分的权利，但不得妨碍其他业主正常使用物业。

第九条 业主应遵守法律、法规的规定，按照有利于物业使用、安全、整洁以及公平合理、不损害公共利益和他人利益的原则，在供电、供水、供热、供气、排水、通行、通风、采光、装饰装修、环境卫生、环境保护等方面妥善处理与相邻业主的关系。

第十条 业主应按设计用途使用物业。因特殊情况需要改变物业设计用途的，业主应在征得相邻业主书面同意后，报有关行政主管部门批准，并告知物业管理企业。

第十一条 业主需要装饰装修房屋的，应事先告知物业管理企业，并与其签订装饰装修管理服务协议。

业主应按装饰装修管理服务协议的约定从事装饰装修行为，遵守装饰装修的注意事项，不得从事装饰装修的禁止行为。

第十二条 业主应在指定地点放置装饰装修材料及装修垃圾，不得擅自占用物业共用部位和公共场所。

本物业管理区域的装饰装修施工时间为__________，其他时间不得施工。

第十三条 因装饰装修房屋影响物业共用部位、共用设施设备的正常使用以及侵害相邻业主合法权益的，业主应及时恢复原状并承担相应的赔偿责任。

第十四条 业主应按有关规定合理使用水、电、气、暖等共用设施设备，不得擅自拆改。

第十五条 业主应按设计预留的位置安装空调，未预留设计位置的，应按物业管理企业指定的位置安装，并按要求做好噪音及冷凝水的处理。

第十六条 业主及物业使用人使用电梯，应遵守本物业管理区域的电梯使用管理规定。

第十七条 在物业管理区域内行驶和停放车辆，应遵守本物业管理区域的车辆行驶和停车规则。

第十八条 本物业管理区域内禁止下列行为：

1. 损坏房屋承重结构、主体结构，破坏房屋外貌，擅自改变房屋设计用途；

2. 占用或损坏物业共用部位、共用设施设备及相关场地，擅自移动物业共用设施设备；

3. 违章搭建、私设摊点；

4. 在非指定位置倾倒或抛弃垃圾、杂物；

5. 违反有关规定堆放易燃、易爆、剧毒、放射性物品，排放有毒有害物质，发出超标噪声；

6. 擅自在物业共用部位和相关场所悬挂、张贴、涂改、刻画；

7. 利用物业从事危害公共利益和侵害他人合法权益的活动；

8. ＿＿＿＿＿＿；

9. 法律、法规禁止的其他行为。

第十九条 业主和物业使用人在本物业管理区域内饲养动物不得违反有关规定，并应遵守以下约定：

1. ＿＿＿＿＿＿；

2. ＿＿＿＿＿＿。

第四章 物业的维修养护

第二十条 业主对物业专有部分的维修养护行为不得妨碍其他业主的合法权益。

第二十一条 因维修养护物业确需进入相关业主的物业专有部分时，业主或物业管理企业应事先告知相关业主，相关业主应给予必要的配合。

相关业主阻挠维修养护的进行造成物业损坏及其他损失的，应负责修复并承担赔偿责任。

第二十二条 发生危及公共利益或其他业主合法权益的紧急情况，必须及时进入物业专有部分进行维修养护但无法通知相关业主的，物业管理企业可向相邻业主说明情况，在第三方（如所在地居委会或派出所或＿＿＿＿＿＿）的监督下，进入相关业主的物业专有部分进行维修养护，事后应及时通知相关业主并做好善后工作。

第二十三条 因维修养护物业或者公共利益，业主确需临时占用、挖掘道路、场地的，应当征得建设单位和物业管理企业的同意，并在约定期限内恢复原状。

第二十四条 物业存在安全隐患，危及公共利益或其他业主合法权益时，责任人应当及时采取措施消除隐患。

第二十五条 建设单位应按国家规定的保修期限和保修范围承担物业的保修责任。

建设单位在保修期限和保修范围内拒绝修复或拖延修复的，业主可以自行或委托他人修复，修复费用及修复期间造成的其他损失由建设单位承担。

第二十六条 本物业管理区域内的全体业主按规定缴存、使用和管理物业专项维修资金。

第五章 业主的共同利益

第二十七条 为维护业主的共同利益，全体业主同意在物业管理活动中授予物业管理企业以下权利：

1. 根据本临时公约配合建设单位制定物业共用部位和共用设施设备的使用、公共秩序和环境卫生的维护等方面的规章制度；

2. 以批评、规劝、公示、__________等必要措施制止业主、物业使用人违反本临时公约和规章制度的行为；

3. __________；

4. __________。

第二十八条 建设单位应在物业管理区域内显著位置设置公告栏，用于张贴物业管理规章制度，以及应告知全体业主和物业使用人的通知、公告。

第二十九条 本物业管理区域内，物业服务收费采取包干制（酬金制）方式。业主应按照前期物业服务合同的约定按时足额交纳物业服务费用（物业服务资金）。

物业服务费用（物业服务资金）是物业服务活动正常开展的基础，涉及全体业主的共同利益，业主应积极倡导欠费业主履行交纳物业服务费用的义务。

第三十条 利用物业共用部位、共用设施设备进行经营的，应当在征得相关业主、物业管理企业的同意后，按规定办理有关手续，业主所得收益主要用于补充专项维修资金。

第六章 违约责任

第三十一条 业主违反本临时公约关于物业的使用、维护和管理的约定，妨碍物业正常使用或造成物业损害及其他损失的，其他业主和物业管理企业可依据本临时公约向人民法院提起诉讼。

第三十二条 业主违反本临时公约关于业主共同利益的约定，导致全体业主的共同利益受损的，其他业主和物业管理企业可依据本临时公约向人民法院提起诉讼。

第三十三条 建设单位未能履行本临时公约约定义务的，业主和物业管理企业可向有关行政主管部门投诉，也可根据本临时公约向人民法院提起诉讼。

第七章 附 则

第三十四条 本临时公约所称物业的专有部分，是指由单个业主独立使用并具有排他性的房屋、空间、场地及相关设施设备。

本临时公约所称物业的共用部位、共用设施设备，是指物业管理区域内单个业主专有部分以外的，属于多个或全体业主共同所有或使用的房屋、空间、场地及相关设施设备。

第三十五条 业主转让或出租物业时，应提前书面通知物业管理企业，并要求物业继受人签署本临时公约承诺书或承租人在租赁合同中承诺遵守本临时公约。

第三十六条 本临时公约由建设单位、物业管理企业和每位业主各执一份。

第三十七条 本临时公约自首位物业买受人承诺之日起生效，至业主大会制定的《业主公约》生效之日终止。

承　诺　书

本人为______________（物业名称及具体位置，以下称该物业）的买受人，为维护本物业管理区域内全体业主的共同利益，本人声明如下：

一、确认已详细阅读__________（建设单位）制定的“×××业主临时公约”（以下称“本临时公约”）；

二、同意遵守并倡导其他业主及物业使用人遵守本临时公约；

三、本人同意承担违反本临时公约的相应责任，并同意对该物业的使用人违反本临时公约的行为承担连带责任；

四、本人同意转让该物业时取得物业继受人签署的本临时公约承诺书并送交建设单位或物业管理企业，建设单位或物业管理企业收到物业继受人签署的承诺书前，本承诺继续有效。

承诺人（签章）

年　月　日

《业主临时公约（示范文本）》使用说明

1. 本示范文本仅供建设单位制定《业主临时公约》参考使用。

2. 建设单位可对本示范文本的条款内容进行选择、修改、增补或删减。

3. 本示范文本第三条、第三十七条所称业主是指拥有房屋所有权的房屋买受人，其他条款所称业主是指拥有房屋所有权的建设单位和房屋买受人。

业主及业主大会规程表

业主	权利	1. 按照物业服务合同的约定，接受物业服务企业提供的服务； 2. 提议召开业主大会会议，并就物业管理的有关事项提出建议； 3. 提出制定和修改管理规约、业主大会议事规则的建议； 4. 参加业主大会会议，行使投票权； 5. 选举业主委员会成员，并享有被选举权； 6. 监督业主委员会的工作； 7. 监督物业服务企业履行物业服务合同； 8. 对物业共用部位、共用设施设备和相关场地使用情况享有知情权和监督权； 9. 监督物业共用部位、共用设施设备专项维修资金的管理和使用； 10. 法律、法规规定的其他权利。
	义务	1. 遵守管理规约、业主大会议事规则； 2. 遵守物业管理区域内物业共用部位和共用设施设备的使用、公共秩序和环境卫生的维护等方面的规章制度； 3. 执行业主大会的决定和业主大会授权业主委员会作出的决定； 4. 按照国家有关规定交纳专项维修资金； 5. 按时交纳物业服务费用； 6. 法律、法规规定的其他义务。

续表

业主大会	大会性质	代表和维护物业管理区域内全体业主在物业管理活动中的合法权益的一个自治性组织
	组织人员	业主大会筹备组（由业主代表、建设单位组成）
	人员组成	物业管理区域内全体业主
	物业管理区域划分	1. 一个物业管理区域成立一个业主大会； 2. 物业管理区域的划分应当考虑物业的共用设施设备、建筑物规模、社区建设等因素； 3. 具体办法由省、自治区、直辖市制定。
	成立方式	1. 业主在物业所在地的区、县人民政府房地产行政主管部门的指导下成立业主大会； 2. 选举产生业主委员会； 3. 只有一个业主的，或业主人数较少且经全体业主一致同意，可不成立业主大会，由业主共同履行职责。
	业主共同决定事项	1. 制定和修改业主大会议事规则和管理规约； 2. 选举业主委员会或者更换业主委员会成员； 3. 选聘和解聘物业服务企业； 4. 筹集和使用维修资金； 5. 改建、重建建筑物及其附属设施； 6. 有关共有和共同管理权利的其他事项。

续表

业主大会	大会的召开	类型	定期会议	
			临时会议	
		形式	集体讨论的形式	
			书面征求意见的形式	
		召开	1. 业主大会定期会议应当按照业主大会议事规则的规定召开； 2. 经20%以上的业主提议，业主委员会应当组织召开业主大会临时会议； 3. 会议召开15日前通知全体业主； 4. 业主大会会议，同时告知相关的居民委员会。	
		参加人数	1. 应当有物业管理区域内专有部分占建筑总面积过半数的业主且占总人数过半数的业主参加； 2. 业主可以委托代理人参加业主大会会议。	
		决定通过方式	事项	通过所需人数
			大会作出决定的通过	经专有部分占建筑总面积过半数的业主且占总人数过半数的业主同意
			1. 筹集和使用专项维修资金； 2. 改建、重建建筑物及其附属设施。	经专有部分占建筑物总面积2/3以上的业主且占总人数2/3以上的业主同意

续表

业主大会	临时会议的启动	1. 经专有部分占建筑物总面积20%以上且占总人数20%以上业主提议的； 2. 发生重大事故或者紧急事件需要及时处理的； 3. 业主大会议事规则或者管理规约规定的其他情况。
业主委员会	性质	业主大会的执行机构
	会议的启动	应当按照业主大会议事规则的规定及业主大会的决定召开会议。经三分之一以上业主委员会委员的提议，应当在7日内召开业主委员会会议。
	职责	1. 执行业主大会的决定和决议； 2. 召集为主大会会议，报告物业管理实施情况； 3. 与业主大会选聘的物业服务企业签订物业服务合同； 4. 及时了解业主、物业使用人的意见和建议，监督和协助物业服务企业履行物业服务合同； 5. 监督管理规约的实施； 6. 督促业主交纳物业服务费及其他相关费用； 7. 组织和监督专项维修资金的筹集的使用； 8. 调解业主之间因物业使用、维护和管理产生的纠纷； 9. 业主大会赋予的其他职责。
	业主委员会成员条件	1. 具有完全民事行为能力； 2. 遵守国家有关法律、法规； 3. 遵守业主大会议事规则、管理公约，模范履行业主义务； 4. 热心公益事业，责任心强，公正廉洁； 5. 具有一定组织能力； 6. 具备必要的工作时间。

续表

业主委员会	资格终止情形	1. 因物业转让、灭失等原因不再是业主的； 2. 丧失民事行为能力的； 3. 依法被限制人身自由； 4. 法律、法规以及管理规约规定的其他情形。	
	登记备案制度	期限	自业主委员会选举产生之日起30日内
		备案部门	物业所在地的区、县人民政府房地产行政主管部门和街道办事处、乡镇人民政府。
大会、委员会职责限制	1. 依法履行职责，不得作出与物业管理无关的决定； 2. 不得从事与物业管理无关的活动； 3. 作出的决定违反法律、法规的，物业所在地的区、县人民政府房地产行政主管部门，应当责令限期改正或者撤销其决定，并通告全体业主； 4. 配合公安机关，与居民委员会相互协作，共同做好维护物业管理区域内的社会治安等相关工作； 5. 在物业管理区域内，积极配合相关居民委员会依法履行自治管理职责，支持居委会开展工作，接受其指导和监督； 6. 作出的决定，应告知相关的居民委员会，并认真听取居民委员会的建议。		
管理规约	适用范围	对全体业主具有约束力	
	约定事项	1. 有关物业的使用、维护、管理； 2. 业主的共同利益； 3. 业主应当履行的义务； 4. 违反管理规约应当承担的责任等。	